Brigitte Wilmes-Mielenhausen

krabbeln klettern springen in der Krippe

Bewegungsförderung für Kinder von 0–3 Jahren

Mit Illustrationen von Antje Bohnstedt

HERDER

FREIBURG · BASEL · WIEN

Erläuterung der Symbole:

 Altersangabe in Jahren

 Einzelbeschäftigung

 Kleingruppe (2–3 Kinder)

 Spielort drinnen

 Großgruppe ab 4 Kinder (max. 12 Kinder)

 Spielort draußen

Im Interesse der besseren Lesbarkeit und weil Frauen in frühpädagogischen Berufen prozentual stärker vertreten sin, wird in diesem Buch meist die weibliche Form verwendet, wenn von pädagogischen Fachkräften die Rede ist. Damit sind immer Frauen und Männer, die in der Kita oder im Kindergarten arbeiten, gleichermaßen gemeint.

MIX
Paper from
responsible sources
FSC® C010798
FSC
www.fsc.org

©Verlag Herder GmbH, Freiburg im Breisgau 2013
Alle Rechte vorbehalten
www.herder.de

Umschlaggestaltung: SchwarzwaldMädel, Simonswald
Illustrationen außen und innen: Antje Bohnstedt, Bretten-Sprantal

Satz und Gestaltung: Arnold & Domnick, Leipzig
Herstellung: Graspo CZ, Zlín
Printed in the Czech Republic

ISBN 978-3-451-32493-2

Inhalt

Einleitung

BEWEGUNGS-RÄUME FÜR DIE JÜNGSTEN

Raumgestaltung

Gestalten Sie den Krippenraum wie eine interessante, abwechslungsreiche „Landschaft". So wirkt die Umgebung anregend und stellt das Kind vor wechselnde Aufgaben und Herausforderungen.

Da sollte es Stufen, Treppen, Leitern und Podeste in unterschiedlichen Höhen im Raum geben, ebenso wie Bodenwellen, Vertiefungen (Spielmulden), Röhren zum Durchkrabbeln und eine schiefe Ebene zum Hochklettern und Runterrutschen. Zur Stimulierung des Gleichgewichtssinns brauchen Kinder Schaukelmöglichkeiten (Schaukelstuhl, Hängematte, Taue, Strickleiter) mit Haltevorrichtungen unter der Decke, um Ringe und Karabiner einhängen zu können. Sinnvoll sind zudem lange Stangen und Haltegriffe an den Wänden, damit sich mobile Kinder zum Laufenlernen daran hochziehen und im Stand festhalten können. Ideal sind unterschiedliche Fußbodenbeläge (z. B. Teppich, Holz, Linoleum, Kork), da unterschiedliche Tastreize die Sinne anregen.

Da der Platz am Boden oft begrenzt ist, kann man den Raum gut „in die Höhe" bauen, d. h. eine einsehbare zweite Etage mit Balustrade und Treppengeländer schaffen, sodass Kinder zusätzlich oben spielen oder sich dort zurückziehen und ausruhen können. Dazu bieten Kindergartenausstatter Konzepte an, aber auch heimische Schreiner und versierte Eltern können hier vielleicht einen Beitrag leisten.

Im Mittelfeld des Raumes benötigen die Kinder Platz für großräumige Bewegung, zudem an den Seiten einzelne Nischen zum Malen, Bauen, Experimentieren, Essen und zum Rückzug.

Der Krippenraum braucht eine übersichtliche Gliederung. Andererseits sollte er flexibel mit fahrbaren Möbeln und niedrigen Raumteilern ausgestattet sein, sodass er immer wieder umgestaltet werden kann. Ideal sind auch Verbindungstunnel und Durchstiege zwischen Räumen und Raumteilern und ins Freie hin.

Bauen Sie die Umgebung so, dass schon das Raumkonzept allein vielfältige Bewegungs-Anreize bietet. Wünschenswert ist auch ein kleiner Nebenraum, ein bespielbarer Flur (Halle), ein Sanitärraum für Wasserspiele, ein separater Bewegungsraum ohne Mobiliar und ein vielseitig gestaltetes Freigelände.

„Der Raum ist der dritte Erzieher", heißt es in der Reggio-Pädagogik, begründet von dem italienischen Pädagogen Loris Malaguzzi.

Die ungarische Kinderärztin und Bewegungsexpertin Emmi Pickler meint: „Das Kind sollte immer ein wenig mehr Raum zu Verfügung haben, als es nutzen kann."

Die Bedürfnisse des Kindes schwanken zwischen Geborgenheit, Ruhe, Entspannung einerseits (Kuschelecke, Schlafhöhle) und großzügigen Freiräumen zum Krabbeln, Laufen und Klettern andererseits. Der benötigte Radius für Bewegung verändert sich je nach Stimmung und Bedürfnis und mit der wachsenden Mobilität des Kindes.

Materialien

Räume und Materialien sollten „leben" und dazu gehört auch, dass Kinder sie vielseitig benutzen und bewohnen dürfen. Anstelle von fertigem Spielzeug sollten Sie eine bunte Sammlung von Alltagsgegenständen anbieten, die auf kleine Kinder einen besonderen Reiz ausüben. Folgende Geräte und Materialien sollten vorhanden sein:

Vorschlag für die Grundausstattung

Klein- und Großgeräte

- (Greif-) Ringe
- Gymnastikreifen
- Stäbe
- Seile
- Pferdeleinen
- Tücher/Schwungtuch
- Sandsäckchen
- Bälle (Wasser-, Petzi-, Tennis-, Softbälle)
- Turnbank, Turnkasten
- Sprossenwand
- Hühnerleiter
- Rollbretter
- Minirutsche
- Krabbeltunnel
- Turn- und Weichbodenmatten
- Polsterelemente
- Rollen, Keile

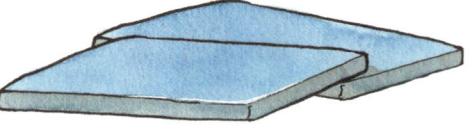

Bau- und Verpackungsmaterial

- Lkw-Schläuche
- Autoreifen
- Drainagerohre
- Bretter/Latten
- Kisten/Pappkartons, Paletten

Haushalts- und Alltagsmaterialien

- Trittleiter/Fußbänkchen, Hocker
- Plastikeimer, Wäschekorb, Wäscheklammern
- Siebe, Töpfe
- Löffel, Schneebesen, Kellen
- Papprollen, Schuhkartons, Bierdeckel
- Joghurtbecher/Dosen
- Teppichfliesen
- Baumstämme/Baumscheiben
- Kastanien, Tannenzapfen
- Muscheln
- Luftballons
- aufblasbares Planschbecken
- Kissen, Decken, Laken

Geräte zum Fahren und Schaukeln

- Schaukelpferd
- Schaukelstuhl
- Sitzschaukel/Hängematte
- Taue/Strickleitern
- Rutschautos
- Sitzroller/Laufräder
- Buggys

Effekt-Spielzeug

- Kreisel
- Kugelbahn
- Ziehtiere
- Wandspiegel

MOTORISCHE ENTWICKLUNG IN DEN ERSTEN DREI LEBENSJAHREN

Entwicklung bezieht sich auf Veränderungen (im Verhalten) des Kindes, wobei die einzelnen Schritte aus einer Verknüpfung von inneren Gesetzmäßigkeiten (z. B. genetische „Ausstattung" und Reifung des Nervensystems) und äußeren Faktoren (z. B. Umwelteinflüsse) resultieren. Auch das Kind selbst spielt eine Rolle. Es treibt seine eigene Entwicklung kompetent voran, indem es sich Entwicklungsreize selbst sucht und Einfluss auf sich und seine Umgebung ausübt. Bei der Einschätzung der Entwicklung sollten sich Pädagogen nicht an fertigen „Entwicklungs-Tabellen" orientieren und vorschnell von möglichen „Entwicklungsdefiziten" sprechen. Manche Kinder scheinen in einem Bereich (z. B. Bewegung) zurückzuliegen, sind aber vielleicht in einem anderen Bereich schon sehr weit (z. B. Sprache).

Bei Altersangaben handelt es sich nur um Durchschnittswerte, Toleranzbereiche müssen in weiten Grenzen berücksichtigt werden. Bei deutlich sichtbaren Verzögerungen sollten Sie jedoch mit den Eltern sprechen und zudem fachliche Beratung suchen.

Grundsätzlich läuft die motorische Entwicklung von innen nach außen und von oben nach unten (vom Kopf zu den Füßen). So übt der Säugling z. B. erst die Kopfkontrolle, bevor er Arme und Hände einsetzt, sich dreht bzw. gegen Ende des ersten Lebensjahres „auf eigenen Füßen" steht.

Die Kontrolle der Muskeln, die näher an der Hauptachse des Körpers liegen, gelingt früher als die Beherrschung entfernter Muskeln. Soll ein Gegenstand erreicht werden, wird erst der ganze Oberkörper mitbewegt (grobmotorische Ganzkörperbewegungen), bevor später gezielt nur die Hände und Finger eingesetzt werden (Feinmotorik).

Im ersten Lebensjahr

Zunächst sind die Bewegungen des Kindes noch undifferenziert und von zahlreichen angeborenen Reflexen gesteuert. Im Laufe der weiteren Entwicklung wird die Motorik immer mehr ausdifferenziert und koordiniert.

Um den fünften Monat herum werden Spielzeuge durch die reifende Augen-Hand-Koordination zielsicher mit der ganzen Hand ergriffen. Säuglinge sind zunehmend in der Lage, sich aktiv von Rücken auf den Bauch bzw. umgekehrt zu drehen und um die eigene Achse herum zu wenden. Sie können sich an den Händen des Erwachsenen zum Sitzen hochziehen und später dann alleine sitzen bzw. sich selbstständig in den Sitz aufrichten.

In der zweiten Hälfte des ersten Jahres üben Kinder, sich robbend bzw. krabbelnd fortzubewegen (im „Vierfüßlerstand", später im „Bärengang"), sich an Möbeln in den Kniestand bzw. zum aufrechten Stand hochzuziehen, seitlich an Möbeln entlangzugehen oder an der Hand des Erwachsenen ein paar Schritte zu wagen. Gegenstände werden willkürlich fallen gelassen, geworfen, aneinandergeklopft, ineinandergesteckt bzw. gezielt in die Hand eines Erwachsenen gegeben.

Zudem entwickelt sich gegen Ende des ersten Lebensjahres der „Pinzettengriff" bzw. „Zangengriff" (kleine Teile mit Daumen und Zeigefinger aufnehmen).

Im zweiten Lebensjahr

Freies Stehen und Gehen gelingt Kleinkindern zwischen dem 12. und 16. Lebensmonat. Beim Gehen werden oftmals Gegenstände in einer Hand oder in beiden Händen gehalten und umhergetragen, an Bändern hinterhergezogen oder durch den Raum geschoben.

Zunehmend erweisen sich Kinder als kleine Kletterkünstler. Sie steigen ein Podest oder eine Leiter (mit engen Sprossen) hinauf, wobei der selbstständige Abstieg oft noch nicht so gut gelingt und dann eine Handreichung durch einen Erwachsenen erfordert. Treppen werden krabbelnd, später steigend bewältigt, anfangs jedoch mit Festhalten und Nachstellschritten. Zudem sind Kinder jetzt in der Lage, kleine Hindernisse (z. B. Bänke, Kisten, Baumstümpfe) zu übersteigen und von einer niedrigen Stufe/Podest herunterzuspringen (Niedersprung). Aktivitäten wie Rutschen, Schaukeln, Karussell-Drehen, Knie-Reiter-Spiele und einfache Fußballspiele stehen ganz oben auf der Beliebtheitsskala. Viele Kinder können mit beiden Füßen auf der Stelle hüpfen und rückwärtsgehen.

Die Feinmotorik ist inzwischen so weit ausgebildet, dass zwei bis drei Würfel sicher übereinandergestellt werden können. Ballwürfe sind noch ungezielt und bei Fangversuchen werden zwar die Arme ausgestreckt, doch der Ball rollt immer wieder hinunter.

Die meisten Kinder sind nun in der Lage, einfache Formen in ein Formbrett oder in eine Box einzupassen, selbstständig mit einem Löffel zu essen und aus einer Tasse zu trinken.

Im dritten Lebensjahr

Jetzt gelingt das Laufen, wobei im Unterschied zum Gehen kurzzeitig beide Beine vom Boden abgehoben sind. Treppen können Kinder zunehmend freihändig und mit Wechselschritt steigen.

Seile und Striche am Boden werden übersprungen, wobei Kinder ihre Beine nacheinander aufsetzen und kurze Zwischenräume übersteigen. Galopphüpfen mit Nachstellschritten (z. B. beim Pferdspiel) bereitet den meisten Kindern großes Vergnügen und gelingt immer besser. Viele Kinder sind in diesem Alter in der Lage, auf einem Bein zu stehen, kurzfristig das Gleichgewicht zu halten und selbstständig über Hindernisse wie Turnbänke, Baumstämme oder Mauern zu balancieren.

Kinder können nun meist mit beiden Händen einen Ball werfen ("Schockwurf") und dabei manchmal sogar ein nahes Ziel treffen (Zielwurf). Beim Fangen wird der fliegende Ball mit gestreckten Armen aufgefangen und an den Körper gepresst. Sicheres Fangen gelingt erst im späteren Kindergartenalter.

TIPPS FÜR MEHR BEWEGUNG IM ALLTAG MIT KINDERN

Lernen in der frühen Kindheit ist vor allem Lernen über (Sinnes-)Wahrnehmung und Bewegung. In keinem späteren Lebensabschnitt macht ein Kind so deutlich sichtbare (Bewegungs-)Fortschritte wie in der frühen Kindheit.

In der Bewegung knüpft das Kind soziale Kontakte zu anderen Kindern, drückt Gefühle aus, lernt Selbstständigkeit und Selbstvertrauen und setzt sich mit dem eigenen Körper und den Dingen seiner Umgebung auseinander.

Unnötiges Herumtragen oder Herumfahren (bei Kindern, die schon mobil sind), Babywippe, Laufstall, technische Lauflernhilfen, Führen an der Hand zum „Laufenlernen" und eine übermäßige Absicherung der Umgebung schränken den Radius für eine freie Bewegungsentwicklung ein. Natürlich brauchen kleine Kinder Sicherheit, z. B. Treppengeländer, Gitter, gesicherte Steckdosen, und auch das „Ställchen" ist nicht grundsätzlich negativ, wenn man ein Kind nur kurz darin belässt, weil man es im Augenblick nicht beaufsichtigen kann. Wichtig ist jedoch, dass die Umgebung insgesamt bewegungsfreundlich gestaltet ist, gerade heute, da viele Kinder als Folge von Bewegungsmangel zunehmend motorische Defizite aufweisen.

Kinder verbessern ihre motorischen Fähigkeiten nur durch ständiges Üben. Das Kind tut von sich aus das, was es aus eigenem Antrieb vermag und wofür es reif ist. Emmi Pickler plädiert dafür, nicht von außen permanent in die freie Bewegungs-Entwicklung des Kindes einzugreifen.

Bitte nicht still sitzen!
Kleine Kinder sind ständig in Bewegung. Man könnte sie sogar als „rastlos" bezeichnen, da sie Orte, Materialien und Kontakte im Spiel manchmal in rascher Folge wechseln. Stillsitzen entspricht nicht ihrem Naturell.
Im Grunde brauchen Kleinstkinder keine Stühle, allenfalls kurzzeitig für die Mahlzeiten. Manchmal sind Hocker besser als Stühle, denn sie ermöglichen Bewegungsfreiräume und Gleichgewichtserfahrung bei kurzzeitigem Sitzen und können darüber hinaus zum Bauen, für Rollenspiele und zum Klettern und Balancieren benutzt werden.

In der Krippe sollte Bewegung jederzeit möglich sein und sich nicht auf bestimmte Zeiten und festgelegte Räume (z. B. Bewegungsraum und Freigelände) beschränken. Da Kinder zunächst vorzugsweise allein bzw. nebeneinander spielen und bei Bewegungsangeboten vor allem ihren Körper ausprobieren (Funktionsspiel), sollten Gruppenaktivitäten in Form von angeleiteten und thematisch festgelegten Bewegungs-Stunden (z. B. wie oft im „Kinderturnen" üblich) nicht in zu frühem Alter angeboten werden. Freie Angebote in Form offener Landschaften sind dagegen schon bei den Kleinsten sinnvoll.

Verzichten Sie auf vorschnelle Hilfestellung, wenn Klettern, Rutschen und andere Aktivitäten nicht auf Anhieb gelingen. Warten Sie ab und halten Sie sich beobachtend im Hintergrund. Freuen Sie sich mit dem Kind, wenn es etwas selbstständig kann (z. B. die ersten eigenen Schritte). Kinder sind meist von sich aus vorsichtig und können in der Regel ihre Möglichkeiten und Grenzen einschätzen.

Trotzdem benötigen kleine Kinder bei ihrer „Welterkundung" das Gefühl von Sicherheit und Rückhalt und die Gewissheit, nach ihren Entdeckungstouren bei ihrer Bezugsperson Verständnis, Trost und Geborgenheit zu finden.

Warnhinweis
Bitte lassen Sie die Kinder nicht unbeaufsichtigt spielen. Gerade bei Kindern unter drei Jahren ist die Gefahr des Verschluckens von Kleinteilen (wie z. B. Holzperlen, Knöpfe, Kugeln usw.) sehr hoch. Bei Kindern, bei denen Sie den Entwicklungsstand schwer einschätzen können, verringern Sie die Gefahr, indem Sie beispielsweise Holzperlen an einer Lederschnur auffädeln und die Enden sicher verknoten.

Die folgenden Anregungen gehen von wünschenswerten räumlichen und personellen Bedingungen in einer Krippe aus. In der Praxis sind diese nicht immer gegeben. Manchmal fehlt die Möglichkeit, im Raum „in die Höhe" zu bauen oder es gibt keinen separaten Bewegungsraum oder Nebenraum. Hier sollten Pädagogen kreativ sein. Neben langfristen (Um-)Bauten kann man kurzfristig „improvisieren" und z. B. mit Kartons, Kisten, Podesten und Alltagsmaterialien Bewegungsreize schaffen.

Ich wünsche allen Kindern, Pädagogen und Eltern viel Spaß beim Spielen und Bewegen in kindgerechten Räumen und anregenden Bewegungslandschaften.

Brigitte Wilmes-Mielenhausen

Strampelfüße und Krabbelfinger

ERSTE BEWEGUNGSSPIELE FÜR BABYS

Wenn Sie Kinder im ersten Lebensjahr in Ihren Gruppen haben, so werden Sie feststellen, dass schon Säuglinge aktiv am Gruppenleben teilnehmen. Sie beobachten aufmerksam, zeigen durch Lautäußerungen und Körpersprache ihr Befinden und ihre Bedürfnisse, erkennen die vertraute Bezugsperson und mit der Zeit auch die anderen Kinder wieder und reagieren auf sie.

Hampel und Strampel

Dieses Strampelspiel können Sie mit dem Kind am besten in Rückenlage auf einer Matte am Boden oder auf dem Wickeltisch spielen.

Text: überliefert

Guten Morgen, ihr Beine.	*Über beide Beine streicheln.*
Wie heißt ihr denn?	
Ich heiße Hampel	*Gegen das rechte Bein drücken.*
und ich heiße Strampel.	*Gegen das linke Bein drücken.*
Ich bin das Füßchen Übermut	*Gegen den rechten Fuß drücken.*
und ich das Füßchen Tunichtgut.	*Gegen den linken Fuß drücken.*
Übermut und Tunichtgut	*Beide Beine im Wechsel beugen und strecken.*
gehen auf die Reise.	
Patsch durch alle Sümpfe,	*Bei „patsch" auf die Unterlage stupsen.*
nass sind Schuh und Strümpfe.	
Schaut die Mutter um die Eck,	*Zum Schluss schnelle Laufbewegungen andeuten.*
laufen alle beide weg.	

Variation: Mit älteren Kindern kann das Bewegungsspiel im Sitzen gespielt werden. Die Kinder stellen selber *Hampel* und *Strampel* dar, indem sie die Beine passend zum Text bewegen.

Hinweis: Nutzen Sie die tägliche Körperpflege für Schmuse- und Bewegungsspiele und intensive Momente mit dem Kind. Dabei steht Spielfreude an erster Stelle. Die Bewegungen sollten so weit wie möglich vom Kind ausgehen.

Schlaue Zwerge

Dieses Strampelspiel lässt sich am besten auf einer Matte am Boden oder auf dem Wickeltisch umsetzten. Dazu liegt das Kind auf dem Rücken oder sitzt auf der Matte bzw. Wickelauflage.

Text: Brigitte Wilmes-Mielenhausen

Zehn schlaue Zwerge steigen auf hohe Berge.	*Die Füße des Kindes umfassen.*
Klettern über Stock und Stein, immer weiter ganz allein.	*Wechselseitig Laufbewegungen andeuten.*
Oben auf des Gipfels Höh rufen alle laut „Juchhee"!	*Über den Kopf streicheln.*
Das Klettern war sehr schön, doch nun soll's talwärts gehn.	*Über den Kopf kraulen.*
Zehn schlaue Zwerge rutschen jetzt vom Berge.	*Über den Körper abwärts streichen.*
Laufen schnell nach Haus. Schlafen sich dort aus.	*Beine bzw. Füße des Kindes umfassen und Laufbewegungen andeuten.*

Variation: Mit älteren Kindern kann das Bewegungsspiel im Sitzen gespielt werden. Das *Klettern* und *Rutschen* der Zwerge zeigen die Kinder durch Handbewegungen, das *Nachhauselaufen* durch Stampfen bzw. Laufbewegungen mit den Füßen und das *Schlafen* durch lautes Schnarchen und den Kopf zur Seite auf die gefalteten Hände legen.

> **Freiräume für neue Bewegungserfahrungen**
> Säuglinge brauchen einerseits Schutz und Geborgenheit (z. B. in einem Körbchen oder einer Wiege), andererseits benötigen sie auch Freiräume für neue Bewegungserfahrungen.
> In Rückenlage – z. B. auf einer Krabbeldecke – können Babys mit den Beinen frei strampeln, die Arme frei bewegen, sich auf den Bauch drehen oder Spielmaterialien erforschen.

Der kleine Hampelmann

Das Baby liegt in Rückenlage auf einer Matte auf der Erde oder auf dem Wickeltisch. Bewegen Sie die Arme des Kindes bei jeder Strophe passend zum Text.

Text: überliefert

Ich bin der kleine Hampelmann,
der Arm und Bein bewegen kann,
mal links, hm hm,
mal rechts, hm hm,
mal auf, hm hm,
mal ab, hm hm
und manchmal auch klipp klapp.

Die Arme des Kindes
nach links,
nach rechts,
nach oben,
nach unten bewegen.
Die Hände zusammenklatschen.

Man hängt mich immer an die Wand
und zieht an einem langen Band,
mal links ...

Mein Kopf, der ist ganz müd und schwer
vom vielen Hampeln hin und her,
mal links ...

Und kommt für mich die Schlafenszeit,
dann bin ich armer Mann befreit,
mal links ...

Variation 1: Spielen Sie das Bewegungsspiel mit den Beinen des Kindes.
Variation 2: Dieses Spiel kann auch im Sitzen gespielt werden. Dazu Arme oder Beine bzw. den ganzen Körper des Kindes bewegen und es am Ende auf und ab hüpfen oder fliegen lassen.
Variation 3: Spielen Sie das Spiel mit der ganzen Gruppe im Stuhlkreis. Dazu heben die Kinder selbstständig Arme und Beine. Babys, die schon sitzen können, spielen auf dem Schoß einer Erzieherin mit.

Freude am Spiel
Bei jedem Bewegungsspiel sollte das Kind mit Freude mitspielen. Gesichtsausdruck und Körpersprache des Kindes signalisieren Ihnen die Freude und die Bereitschaft des Kindes am Spiel.

Bimmel, bammel, bommel

Das Kind liegt auf dem Rücken auf dem Boden, dem Wickeltisch oder sitzt auf Ihrem Schoß. Bewegen Sie die Arme bzw. die Beine des Kindes passend zum Text.

Text: überliefert

Bimmel, bammel, bommel,
die Katze schlägt die Trommel.
Und die kleinen Mäuse
tanzen in der Reih',
und die ganze Erde
wackelt schon dabei.

*Mit Armen oder Beinen des Kindes
wechselseitig auf und ab bewegen.
Mit den Fingern über den Kopf
oder den ganzen Körper krabbeln.*

Arme oder Beine kräftig strampeln.

Die zauberhafte Spielzeugschnur

Material: Schnur (ca. 1–1,5 m), Matte, Holzring, kleiner Luftballon (evtl. mit Erbsen oder Reis gefüllt), Taschentuch, Knisterpapier, Holzperlenkette mit Glöckchen

Spannen Sie zwischen zwei Stühlen oder niedrigen Schränken eine Schnur. Hängen Sie zunächst nur einen Gegenstand an die Schnur (z. B. Luftballon). Spielen mehrere Kinder mit, so erhöhen Sie die Anzahl der Gegenstände. Legen Sie das Kind bzw. die Kinder auf eine weiche Matte so unter die Schnur, dass sie die Gegenstände bequem mit den Händen bzw. Füßen erreichen können.

Weitere Anregungen zum Greifen:
- *Tastsäckchen:* dazu Gefriertüten, Socken oder Luftballons mit Perlen, Reis, Erbsen, Glöckchen oder Knisterpapier füllen und fest verknoten.
- *Unterschiedliche Materialien:* Stoff, Fell, Federn oder Knisterpapier.
- *Haushaltsgegenstände:* saubere Bürsten, Schneebesen oder Kochlöffel.
- *Tastketten:* dazu Perlen, Knöpfe, Kastanien oder Glöckchen aneinanderfädeln.

19

Handball, Fußball, Tor

Material: 1–3 Wasserbälle (ca. 30 cm Durchmesser – je nach Größe des Kindes darf der Ball auch dicker sein), dünne Paketschnur, Decke oder Matte

Knoten Sie an jeden Ball eine Schnur von 30–50 cm (Wasserbälle haben hervortretende Ventile, um die man die Schnur festknoten kann). Legen Sie eine Decke oder abwaschbare Matte auf den Boden. Die Kinder liegen auf dem Rücken.

Halten Sie den Ball mit der Schnur so über das Kind, dass es ihn wahrnehmen kann (etwa 20 cm Abstand). Viele Kinder schlagen nach dem Ball oder versuchen ihn festzuhalten. Halten Sie den Ball auch mal so hoch, dass die Kinder ihre Arme strecken müssen, um ihn zu greifen.

Variation: Das Kind liegt barfuß auf dem Rücken. Halten Sie den an der Schnur herabhängenden Wasserball so über die Beine des Kindes, dass es dagegentreten bzw. -strampeln kann.

Hinweis: Um dem Kind die Bewegungen zu erleichtern, legen Sie Ihre Hand unter den Po des Kindes, sodass das Becken etwas angehoben wird.

Bewegungsspaß mit dem Wasserball
Wasserbälle können im Krippenbereich für vielfältige Bewegungsspiele verwendet werden. Bewegungsfunktionen wie Strampeln, Greifen und Ausbalancieren werden dadurch angeregt und gefördert.

Schaukel-Ball

Material: Wasserball oder kleiner Pezziball

Legen Sie das Kind in Bauchlage auf den Ball, sodass es seine Arme und Beine frei bewegen und den Kopf halten kann. Umfassen Sie das Kind im Beckenbereich mit beiden Händen. Dabei geben Sie ihm Sicherheit, ohne Druck auszuüben.

Viele Kinder entdecken sehr schnell, dass sie sich mit den Füßen vom Boden abstoßen und auf diese Weise selbst auf dem Ball in eine Schaukelbewegung bringen können.

Variation: Ältere Kinder, die bereits selbst sitzen und balancieren können, setzen sich auf einen kleinen Pezziball, hüpfen und wiegen sich darauf.

Hinweis: Das Kind lernt, auf dem Ball sein Gleichgewicht auszubalancieren. Achten Sie darauf, dass die Bewegungen vom Kind ausgehen und dass es mit Freude mitspielt.

Große Uhren

Setzten sie das Kind auf ihre Oberschenkel und schaukeln Sie, passend zum Rhythmus, mal langsamer und mal schneller.

Text: überliefert

Große Uhren machen tick-tack,
kleine Uhren machen tick-tack-tick-tack.
Und die kleinen Taschenuhren machen ticke-tacke, ticke-tacke, ticke-tacke.

Variation: Die ganze Gruppe sitzt im Kreis und schaukelt zu dem Vers hin und her.

Trage- und Wiegespiele
Tragen, Wiegen und Schaukeln regen den Gleichgewichtssinn an. Der Körperkontakt zur Bezugsperson beruhigt unruhige, müde, überreizte oder traurige Kinder, wirkt ausgleichend und vermittelt Vertrauen und Geborgenheit.

Flugzeug

Legen Sie das Baby mit der Brust auf Ihren Unterarm. Ihre Hand umfasst zur Sicherheit den Arm des Kindes. Schieben Sie Ihre andere Hand zwischen den Beinen des Kindes durch und halten Sie so seinen Bauch.

Melodie: „Ein Männlein steht im Walde"
Text: Brigitte Wilmes-Mielenhausen

Mein Flugzeug möchte starten.	*Das Kind in die Luft heben.*
Wie kann das gehn?	
Es steigt jetzt in die Wolken,	*Leicht in der Luft schaukeln.*
ihr könnt es sehn!	
Flugzeug, Flugzeug, gib nur acht,	
dass dich das nicht müde macht.	
Wir fliegen mit Vergnügen im Kreis herum.	*Sich langsam im Kreis drehen.*
Mein Flugzeug möchte landen.	*Das Kind langsam tiefer sinken lassen.*
Wie kann das gehn?	
Es sinkt jetzt immer tiefer,	
es bleibt nicht stehn.	
Flugzeug, Flugzeug, gib nur acht,	
dass es gleich nicht furchtbar kracht!	
Wir fliegen mit Vergnügen im Kreis herum.	*Sich langsam im Kreis drehen.*
Mein Flugzeug ist gelandet.	*Sich hinknien.*
Wie konnt' das gehn?	
Es rollt jetzt auf dem Rollfeld	*Das Kind dicht über dem Boden schaukeln.*
und bleibt dann stehn.	
Flugzeug, Flugzeug, gib nur acht,	*Es vorsichtig auf den Bauch legen.*
war das wirklich weich und sacht?	
Wir klatschen mit Vergnügen:	
„Gut gemacht!"	*In die Hände klatschen.*

Variation mit der Gruppe: Jüngere Kinder werden getragen, ältere spielen selbst das Flugzeug. Sie sitzen zunächst am Boden, erheben sich, bewegen sich durch den Raum, drehen sich im Kreis und landen wieder sicher auf der Erde.

> **Hopsen und Fliegen**
> Die Kleinen lieben es, in die Luft gehoben, schwebend gehalten, auf und ab bewegt oder gedreht zu werden. Manchmal juchzen sie dabei vor Vergnügen. Bei Kniereiterspielen wird das Kind auf dem Schoß sitzend von einer Erzieherin bewegt. Aber es arbeitet dabei auch aktiv mit, indem es frei sitzt, den Kopf hält und das Gleichgewicht ausbalanciert.

Hoppe, hoppe Reiter

Material: *Für die Variation:* Kinderstühle, Pezzibälle, Sitzpolster oder Hüpftiere

Das Kind sitzt auf dem Schoß der Erzieherin und wird von ihr an der Hüfte oder an den Händen gehalten. Die Erziehern bewegt das Bein, auf dem das Kind, sitzt in rhythmischen Auf- und Abbewegungen.

Text: überliefert

Hoppe, hoppe Reiter,
wenn er fällt, dann schreit er.
Fällt er in den Graben,
dann fressen ihn die Raben.
Fällt er in den Sumpf,
dann macht der Reiter:
„Plumps!"

Das Bein auf und ab bewegen.

Das Kind nach hinten sinken lassen.

Variation mit der Gruppe: Die älteren Kinder sitzen auf Stühlen, Pezzibällen, Sitzpolstern oder Hüpftieren und lassen sich bei *Plumps* zu Boden fallen (eventuell Matten vorbereiten). Wer kann zu Boden fallen, ohne dass z. B. der Stuhl umfällt?

Es tanzt ein Bi-Ba-Butzemann

Tragen Sie die Kinder in einer der beschriebenen Tragehaltungen:

- in Bauchlage auf Ihren Unterarmen,
- seitlich (wobei Sie mit einem Arm zwischen den Beinen des Kindes durchgreifen und mit dem anderen Arm den Oberkörper des Kindes halten),
- über Ihrer Schulter (Kind blickt über Ihre Schulter in den Raum) oder
- sitzend auf Ihrem Unterarm (Kind lehnt sich mit dem Rücken an Ihren Körper).

Gehen Sie mit dem Kind im Raum spazieren. Schauen Sie den älteren Kindern beim Spielen zu. Die Jüngeren nehmen auf diese Weise aktiv am Gruppenleben teil. Singen und tanzen Sie mit dem Baby auf dem Arm zu dem Lied.

Text: überliefert

Es tanzt ein Bi-Ba-Butzemann
in unsrem Kreis herum, widebum.
Es tanzt ein Bi-Ba-Butzemann
in unsrem Kreis herum.
Er rüttelt sich, er schüttelt sich,
er wirft die Beine hinter sich.
Es tanzt ein Bi-Ba-Butzemann
in unsrem Kreis herum.

Variation 1: Ältere Kinder tanzen im Kreis und die Babys werden von den Erzieherinnen auf dem Arm getragen.

Variation 2: Die Kinder tanzen als Tiere im Kreis, die durch typische Bewegungen dargestellt werden: z. B. „Es tanzt ein dicker Elefant" (ein bunter Papagei, ein brauner Zottelbär, ein stolzer Pinguin, ein bunter Schmetterling usw.).

Hinweis: Wechseln Sie die Tragehaltungen bei Babys immer wieder und tragen Sie das Kind mal auf Ihrer rechten und mal auf Ihrer linken Körperseite.

„Bitte zugreifen!"

Material: Spielzeug an einer Schnur (z. B. Greifring mit Glöckchen o. Ä.)

Zeigen Sie dem Kind in Rückenlage ein Spielzeug (z. B. an einer Schnur hängend). Halten Sie es so, dass das Kind es greifen kann und führen Sie es mal zur rechten und zur linken äußeren Seite (manche Babys kippen oder drehen sich auf diese Weise um).

Reichen Sie dem Baby für jede Hand einen Greifring. Manche halten sich daran fest und lassen sich in den Sitz hochziehen, wenn sie dafür reif sind.

Reichen Sie dem Baby in Bauchlage einen Greifring. Viele Kinder verlagern ihr Gewicht auf den Bauch und einen Unterarm und greifen mit der Hand des anderen, freien Arms nach dem Spielzeug.

Variation: Möchte ein älteres Kind die Aufgabe übernehmen und dem Baby ein Spielzeug zeigen bzw. reichen? Was könnte das Baby ansonsten noch gut greifen?

Greifspaß für Babyhände

Babys, die im Krippenbereich auf dem Rücken bzw. auf dem Bauch liegen, haben meist großen Spaß an ersten Greifspielen. Beim Greifen wendet sich das Kind zunächst mit dem ganzen Körper einem Gegenstand zu (grobmotorische Ganzkörperbewegungen gehen feinmotorischen Bewegungen voraus), bevor es später gezielt Hände und Finger einsetzt.

So schleicht die Katze

KRIECHEN, ROBBEN UND KRABBELN

Um den sechsten Monat herum werden Kinder zunehmend mobil. Sie sind von ihrer Fähigkeit, sich selber fortbewegen zu können, fasziniert und beginnen Schritt für Schritt ihre Umgebung zu erforschen.

Ein separater Schutzbereich im Gruppenraum, der mit niedrigen Raumteilern eingegrenzt ist, kann anfangs nützlich sein, um Sicherheit bei der Erkundung zu gewähren. Doch schon bald werden auch die Kleinsten den gesamten Raum erobern wollen.

Krabbelstraße

Material: 6–8 feste Turnmatten oder ein langer, am besten abwaschbarer Teppichläufer, Bälle, größere Kugeln und andere interessante Bewegungsspielzeuge

Legen Sie die Turnmatten hintereinander zu einer Art „Straße". Rollen Sie Bälle, Kugeln und Holzautos über die Straße oder lassen Sie Aufziehtiere darauf laufen. Auch ein Brummkreisel oder eine Spieluhr haben Aufforderungscharakter. Die Kinder können sich frei auf der Straße bewegen und den Gegenständen hinterherkrabbeln.

Variation: 1–2 ältere Kinder rollen Bälle oder Kugeln über die Krabbelstrecke oder lassen Autos darauf fahren und motivieren die Jüngeren hinterherzukrabbeln. Wie wäre es mit einem lebendigen Tunnel? Ein älteres Kind geht in den Vierfüßlerstand (wie eine Katze) und ein jüngeres krabbelt unter dem großen durch.

Sicherheits-Check
Sichern Sie Steckdosen, Fenster, Türen, steile Treppen und Podeste ab und achten Sie auf spitze Gegenstände und Kleinstteile im Gruppenraum. Dabei gilt: so viel Sicherheit wie notwenig und soviel Bewegungs-Freiräume wie möglich bzw. sinnvoll.
Legen Sie in die unteren Schrankfächer Gegenstände, die gefahrlos und robust sind und für alle Kinder zur Verfügung stehen dürfen. Spezielle Materialien (z.B. Scheren, Klebstoff usw.) können Sie in den oberen Fächern aufbewahren.

Zauberweg

Material: Luftmatratze, große Schwimmtiere, Turnmatten, Polster, ein paar Spielzeuge (z. B. Stofftiere, Rasseln und kleine Stoffbälle)
Für die Variation: kleines aufblasbares Planschbecken

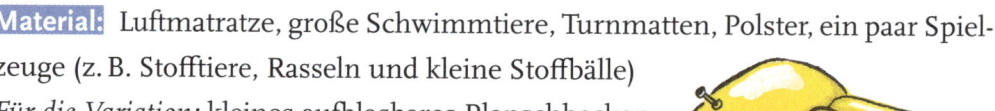

Bauen Sie einen Krabbelweg mit verschiedenen Stationen auf. Besonders interessant sind aufblasbare, große Schwimmtiere und eine prall und fest aufgepustete Luftmatratze, die als Hindernisse oder Unterlage beim Krabbeln dienen. Dazwischen liegen feste Matten und Polster und unterschiedliche Spielzeuge.

Variation: Stellen Sie ein aufgeblasenes, kleines Planschbecken (ohne Wasser) an das Ende des Krabbelwegs. Die Kinder können in das Becken hinein- und wieder herauskrabbeln oder Spielzeuge hineinlegen.

Hinweis: Die Kinder sollten sicher krabbeln, kriechen oder robben können. Sie passen ihr Bewegungsverhalten den verschiedenen Bodenbeschaffenheiten und den vorhandenen Materialien an.

> **Krabbeln ist wichtig für die Entwicklung**
> Die gekreuzte Koordination von Armen und Beinen beim Krabbeln ist wichtig für die motorische und geistige Entwicklung und sollte entsprechend unterstützt und gefördert werden.

Senso-Insel

Material: unterschiedliche Teppichfliesen oder Teppiche
Für die Variation: großer Bettbezug, viele Luftballons

Bauen Sie eine „Senso-Insel" aus unterschiedlichen Bodenbelägen (z. B. verschiedene Teppichfliesen und Teppiche) mitten im Raum auf und lassen sie die Kinder barfuß darüberlaufen oder -krabbeln. Die Kinder können unterschiedliche sinnliche Erfahrungen sammeln.

Variation: Nehmen Sie einen großen Bettbezug und füllen sie ihn mit leicht aufgeblasenen Luftballons. Das Kind kann sich darauflegen, sich drüberrollen oder darüberkrabbeln.

Tisch-Tunnel

Material: 4–8 Kindertische oder große Erwachsenentische, rollende Spielzeuge
Für die Variation: Decken, Bettlaken

Stellen Sie die Tische hintereinander zu einem Tunnel auf. Legen Sie ein Spielzeug in die Mitte oder an das Ende des Tunnels oder rollen Sie einen Ball hindurch. Die Kinder dürfen dem Spielzeug hinterherkrabbeln und es wieder einfangen.

Variation 1: Hängen Sie Decken oder Bettlaken seitlich über die Tische. Der leicht abgedunkelte Raum ist für manche Kinder eine neue, spannende Herausforderung.

Variation 2: Stellen Sie mehrere Tische etwas versetzt hintereinander, sodass die Kinder um Kurven herumkrabbeln müssen.

Fangt mich!

Material: Trillerpfeife oder Flöte
Für die Variation: großes Tuch

Ein älteres Kind oder die Erzieherin spielt ein Tier vor (z. B. Hund, Katze, Vogel), das von den Jüngeren gefangen werden soll. Das Tier krabbelt vor den Kindern davon. Die Kinder versuchen, das flüchtende Tier zu erreichen, indem sie hinterher krabbeln (ältere Kinder laufen). Ist es dann gefangen, dürfen sich alle Kinder auf die „Beute" werfen.

Variation: Das Spiel wird noch spannender mit Hilfe eines großen Tuchs. Beliebt ist das sogenannte „Kuckuck-Spielen", wobei sich die Erzieherin oder ein Kind hinter oder unter einem Tuch versteckt und dann plötzlich mit einem Kuckuck-Ruf wieder auftaucht, wenn das Tuch weggezogen wird.

Hinweis: Verstecken, Suchen und Fangen sind Spiel- und Bewegungsformen, die schon ganz kleine Kinder mögen („Hasche-Spiele" schon am Ende des 1. Lebensjahres).

Krabbelröhre

Material: 1–2 Lkw-Schläuche bzw. alte Autoreifen (kostenlos beim Reifenhandel), Seile und 2 große Tische, Turnmatte, Bettlaken
Für die Variation: mehrere große Umzugskartons (ohne Boden) und Klebeband oder 2 Turnkästen, eine biegsame Turnmatte

Stellen Sie zwei große Tische mit ausreichend Abstand nebeneinander. Der Abstand muss so groß sein, dass ein Reifen dazwischen passt. Nun binden Sie den aufgestellten Reifen rechts und links mit einem Seil an dem jeweiligen Tischbein fest und legen direkt hinter dem Reifen eine Matte auf den Boden.
Später können Sie noch einen zweiten Reifen an die hinteren Tischbeine knoten. Ein großes Bettlaken kann über das gesamte Bauwerk gehängt werden und ein Haus mit einem „Krabbel-Eingang" und einem „Krabbel-Ausgang" darstellen.
Variation 1: Bauen Sie mehrere Umzugskartons (ohne Boden) hintereinander als Krabbel-Tunnel auf.
Variation 2: Stellen Sie zwei Turnkästen im Abstand von ca. 1,5 Metern neben einander. Biegen Sie die Turnmatte in der Mitte und klemmen Sie die kurzen Enden zwischen die Kästen, sodass eine Art „Torbogen" zum Durchkrabbeln entsteht.
Variation 3: Kombinieren Sie die Umzugskartons und den „Torbogen" mit einem fertig gekauften „Falttunnel" (Spielzeugbedarf/Kindergartenausstatter), indem sie alles hintereinander aufbauen und miteinander verbinden.

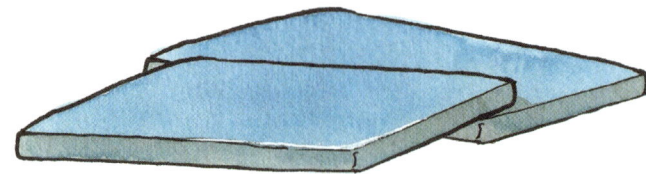

Wie die Schnecken

Material: 1 Turnbank

Für die Variation: langes Seil, 2 Stühle, Gymnastikstab oder Besenstil

Stellen Sie eine Turnbank auf. Die Kinder dürfen sich auf dem Bauch über die glatte Oberfläche der Bank ziehen. Dabei setzen sie kraftvoll ihre Arme ein.

Variation 1: Die Kinder krabbeln durch den Zwischenraum unterhalb der Turnbank.

Variation 2: Sie krabbeln unter einem Seil durch, das tief zwischen zwei Stühlen gespannt ist.

Variation 3: Zwei Erzieherinnen oder zwei ältere Kinder halten einen Gymnastikstab bzw. Besenstil waagerecht, unter dem die jüngeren Kinder durchkrabbeln dürfen. Als Motivation kann ein Ball vorneweg gerollt werden und die Kinder krabbeln diesem hinterher.

Tische-Stühle-Weg

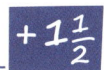

Material: 4–6 Kindertische, ca. 6 Seile

Für die Variation: Stühle, dicke Bindfäden, Schere

Stellen Sie die niedrigen Kindertische dicht hintereinander zu einem langen Steg auf. Damit die Tische nicht wegrutschen, verknoten Sie die Tischbeine mit Seilchen. Stellen Sie noch jeweils einen Stuhl an den Anfang und an das Ende der Tischreihe. Die Kinder klettern nun über den Stuhl auf den Steg aus Tischen, krabbeln auf allen vieren darauf entlang oder rutschen bäuchlings, indem sie sich mit den Armen darüber ziehen. Am Ende steigen sie über den hinteren Stuhl wieder ab.

Variation 1: Für Kinder, die schon sicher gehen können, stellen Sie mehrere Stühle hintereinander auf. Das Schreiten von Stuhl zu Stuhl ist schon ein „Balance-Akt" (eventuell Hilfestellung geben).

Variation 2: Stellen Sie eine Gasse aus Stühlen (die Lehnen zeigen zur Mitte). Spannen Sie von einer Seite zur anderen dicke Bindfäden, die Sie unten an den Stuhlbeinen festknoten. Die Kinder steigen über die Fäden, bis sie am Ende der Gasse angekommen sind (ab 2 Jahren).

Paletten-Straße

Material: mindestens 4 Paletten (im Handel als Transport- und Verpackungsmaterial), Teppichfliesen oder Teppichreste, Teppich-Klebeband (eventuell Teppichmesser), glatte Matte oder Polsterkeil

Kleben Sie die Teppichfliesen bzw. Teppichreste mit Hilfe von Teppichklebeband oben auf die Paletten (eventuell mit Hilfe eines Teppichmessers zuschneiden).

Kleben Sie scharfe Kanten und Ecken gesondert ab. Stellen Sie die mit Teppich beklebten Paletten hintereinander zu einem Weg auf. Legen Sie über das letzte Podest eine Matte. Die Kinder krabbeln den Weg entlang und rutschen oder rollen am Ende hinab. Wenn Sie ein Polster in Form eines Keils haben, so legen Sie den Keil an das letzte Podest. Auch hier heißt es: abwärtsrutschen oder -rollen.

Variation: Wenn Sie 2 Paletten übereinanderstellen (mit Seil verzurren), erhalten Sie eine höhere Kletter-Stufe. Bauen Sie die Stufe als Hindernis mitten auf den Kletter-Weg.

Kisten-Krabbeln

Material: mindestens 10 breite Kisten, z. B. hölzerne Spielzeugkisten, Plastik-Boxen (gib es oft günstig in Baumärkten), stabile Obst-Kisten (Supermarkt) oder Hocker

Verteilen Sie die Kisten frei im Raum. Beobachten Sie, was die Kinder von sich aus damit tun. Viele Kinder untersuchen die Kisten, drehen sie um, füllen Spielzeuge ein. Einige klettern oder krabbeln hinauf oder hinein.

Variation: Stellen Sie viele Kisten oder Hocker zu einer Straße hintereinander auf. Jetzt heißt es: darüberkrabbeln (Knie-Hände-Stütz, Bärengang) oder sogar (mit Hilfe) aufrecht darübergehen.

Hinweis: Ältere Kinder, die schon aufrecht über die Kistenstraße gehen, brauchen viel Gangsicherheit und einen entwickelten Gleichgewichtssinn. Sicheres Balancieren gelingt meist erst am Ende des 2. Lebensjahres.

Krabbelstufen

Material: mehrere Matten (z. B. aus Schaumstoff mit Stoff bezogen), Polsterkissen eines Sofas o. Ä.

Legen Sie zunächst nur ein Podest (z. B. zwei Matten übereinander oder ein dickes Polsterkissen von einem Sofa) auf den Boden. Beobachten Sie, ob sich die Kinder von diesem „Krabbelhindernis" begeistern lassen. Vielleicht legen Sie ein Spielzeug auf das Podest oder dahinter. Bauen Sie später zwei oder drei Stufen, über die die Kinder krabbeln können.

Boden-Wellen

Material: 4–6 dünne, biegsame Matten, mehrere Seile, Decken oder Plastikplanen (bzw. weitere dünne Matten)
Für die Variation: Turnkästen (nur den oberen Teil) oder andere Kästen

Rollen Sie jede Matte fest zu einer Rolle zusammen. Binden Sie ein Seil darum, sodass sie fest „verzurrt" ist. Legen Sie die Rollen nun mit etwas Abstand hintereinander auf den Boden. Anschließend werfen Sie Decken darüber. Sie können auch eine abwaschbare, feste Plane oder dünne Matten darauflegen. Die Kinder krabbeln oder klettern über die Bodenwellen.
Variation: Platzieren Sie mehrere Kästen (oder Teile davon) mit etwas Abstand hintereinander und legen Sie Decken, Planen oder dünne Matten darüber.

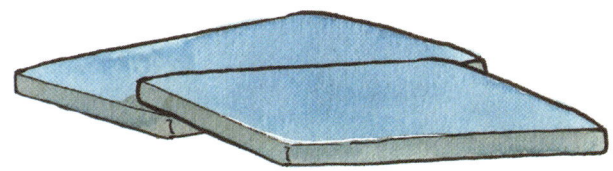

Kletter-Berg für Klettermaxen

Material: Lkw-Schlauch oder dicker aufgeblasener Riesen-Schwimmreifen, Bettlaken

Der Lkw-Schlauch wird hart aufgepumpt und gesäubert. Aus Sicherheitsgründen kleben Sie nun das Ventil mit Klebeband dicht am Reifen fest. Oder Sie lassen von den Eltern riesige Schwimmreifen mitbringen. Legen Sie nun das Bettlaken auf den Boden und den Lkw-Schlauch bzw. Schwimmreifen darauf. Das Laken wird nun mit allen vier Ecken (Zipfeln) in der Mitte des Reifens stramm verknotet (immer die gegenüber liegenden Zipfel nehmen!). Nun drehen Sie den Reifen um. Die kleinen Kletteraffen können auf den Berg hinaufkrabbeln oder -klettern und sich sogar daraufstellen. Das kann eine ganz schön wackelige Angelegenheit sein.

Variation: Müde Kinder können sich auch zur Entspannung auf den Reifen legen und ausruhen. Dann wird der Berg zur Ruhe-Insel für große und kleine Träumer.

Komm auf die Brücke!

Material: mindestens 1 Brett (gehobelt und lackiert oder geölt), 2 Autoreifen (ersatzweise 2 dicke Matten oder Polster)

Legen Sie zwei Autoreifen oder Matten einander gegenüber auf den Boden. Der Abstand ist etwas weniger als die Brettlänge! Platzieren Sie das Brett so auf die Reifen (Matten), dass es an beiden Enden sicher aufliegt.

Die Kleinen können das Brett als Spielfläche benutzen, sich davorknien und oben mit Spielzeug hantieren. Viele Kinder lassen sich schon bald dazu inspirieren, auf das Brett zu klettern, darüberzukrabbeln oder bäuchlings zu rutschen.

Variation: Sie legen das Brett schräg, indem Sie es nur einseitig erhöhen (auf eine Matte legen).

Himmelsleiter

Material: kleine Trittleiter mit 2–3 Stufen (ersatzweise Fußbänkchen oder Haushaltshocker), 2–3 Turnmatten

Legen Sie mehrere Matten übereinander und stellen Sie eine Trittleiter davor. Die Kinder können über die Leiter auf die Matten klettern.

Hinweis: Wie kommen die Kinder wieder herunter? Sie können das Spiel „Wer kommt in meine Arme?" spielen. Ein Kind nach dem anderen krabbelt Ihnen von der oberen Matte in die Arme und wird aufgefangen.

Schräg und schief geht's auch

Material: Turnbank (alternativ Kasten oder mehrere Autoreifen), 3 Turnmatten (davon eine möglichst glatt, z. B. Weichbodenmatte).
Für die Variation: kleine Bälle

Bauen Sie einen „Hügel", indem Sie eine Matte der Länge nach über eine Turnbank, einen Kasten oder mehrere Autoreifen legen. Das vordere und hintere Ende der Matte hängt vorn bzw. hinten über. Vor und hinter den „Hügel" legen Sie jeweils eine weitere Matte. Die Kinder krabbeln nun von hinten auf den „Hügel" und rutschen vorn wieder herunter – auf dem Po oder bäuchlings.
Variation: Die Kinder lassen kleine Bälle die Schräge hinunterrollen.

Flinke Füße

LAUFEN, KLETTERN UND BALANCIEREN

Kinder haben von sich aus den Drang, die Schwerkraft zu überwinden und im wahrsten Sinne des Wortes „auf eigene Füße zu
kommen". Gegen Ende des ersten Lebensjahres beginnen sie
damit, sich zum Stehen aufzurichten. Dabei halten sie sich oft
mit einer oder mit beiden Händen an Möbeln fest und ziehen
sich daran hoch. Später gelingt der Positionswechsel freihändig und kurz darauf wagt das Kind vielleicht die ersten eigenen
Schritte.

Stuhlstraße

Material: 6–8 große, standfeste Erwachsenen-Stühle
Für die Variation: Kindertische

Stellen Sie die Stühle mit der Lehne nebeneinander an eine Wand. Legen Sie ein paar Spielzeuge auf die Sitzflächen der Stühle. Interessant ist unter anderem z. B. eine Spieluhr, die ein Lied „klimpert". Beobachten Sie, ob einige Kinder vielleicht zu der neuen Spielfläche hinkrabbeln und sich an den Stühlen hochziehen, um die begehrten Spiel-Dinge erreichen und untersuchen zu können. Manche Kinder gehen vielleicht seitlich ein paar Schritte.

Variation: Bauen Sie die Straße aus Kindertischen, die Sie ebenfalls dicht an die Wand stellen. Darauf können Sie eine kleine „Spielwelt" aufbauen (kleine Autos, Stehaufmännchen, Bauklötze, Spieltiere ...).

> **Allerlei zum Hochziehen**
> Bringen Sie an einer Wand Haltestangen in Kinderhöhe an (gibt es bei Kinderkrippen-Ausstattern oder in Baumärkten). An den Stangen können Sie ein interessantes Tast-Spielzeug befestigen, z. B. Schnüre mit Perlen, Glöckchen, Tastbeutel.
> Dazu bieten standfeste Raumteiler, Gitter, Treppengeländer, Sprossenleitern die Möglichkeit, sich immer wieder daran hochzuziehen und seitlich ein paar Schritte zu gehen.
> Hängen Sie einen großen „Spiegel" in Kinderhöhe an die Wand. So kann sich das Kind beim Hochziehen und Gehen selbst zuschauen.

Hoch hinaus

Material: großer Stuhl, Spielzeug (z. B. Spieluhr, Rassel, Handpuppe o. Ä.)

Der Erwachsene sitzt auf einem großen Stuhl und hält ein Spielzeug in der Hand, das die Aufmerksamkeit der Kinder erregt. Die Kinder müssen sich, um das Spielzeug zu erreichen, in den Stand aufrichten. Dazu halten sie sich bei Bedarf an den Beinen des Erwachsenen fest.

Variation: Kinder, die schon selbstständig gehen können, eilen vielleicht mit wackeligen Schritten herbei. Halten Sie das begehrte Spielzeug jetzt über den Kopf des Kindes. Es muss sich nun strecken, um es greifen zu können.

Hinweis: Wichtig ist, dass die Kleinen das Spielzeug am Ende tatsächlich erreichen bzw. in die Hand bekommen.

Auf Los geht's los!

Material: 1–2 Spielzeuge (z. B. Rassel, Stofftier o. Ä.)

Reichen Sie dem Kind, das z. B. zur Sicherheit noch an einem Möbelstück lehnt, ein Spielzeug. Schauen Sie, ob das Kind das Spielzeug mit einer oder später auch mit beiden Händen greift. Kann es nun mit weniger Festhalten sein Gleichgewicht ausbalancieren?

Variation: Ältere Kinder, die schon gehen können, bringen Erwachsenen oder anderen Kindern bevorzugt Spielzeuge. Vielleicht sagt der „Beschenkte" betont „Danke" und gibt anschließend mit einem „Bitte" das Spielzeug wieder zurück. Manchmal entwickelt sich daraus das „Bitte-Danke-Spiel", indem wechselseitig Spielzeug ausgetauscht wird.

> **Ich will alleine ...**
> Kinder treiben ihre Entwicklung eigenständig voran. Führen Sie kleine Kinder deshalb nicht an der Hand, um mit ihnen das Gehen zu trainieren. Ausnahme: Das Kind reicht Ihnen von sich aus die Hand und fordert Sie so zur Unterstützung auf.

Wer kommt in meine Arme?

Hat ein Kind Spaß daran, Ihnen entgegenzugehen? Dann setzten Sie sich vor das Kind auf den Boden und rufen laut: „Wer kommt in meine Arme?" Breiten Sie dazu beide Arme weit aus.

Hat das Kind Sie mit einem oder ein paar Schritten erreicht, dann nehmen Sie es in die Arme und freuen sich mit ihm.

Variation: Fassen Sie das Kind – wenn es zu Ihnen gekommen ist – unter den Armen (Achselhöhlen), heben es in die Luft, lassen es hopsen und fliegen und spielen das Kreiselspiel:

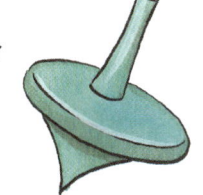

Text: überliefert

Dreh dich,	*Das Kind von hinten unterhalb der*
kleiner Kreisel,	*Achselhöhlen umfassen und die Hände*
dreh dich immerzu.	*vor der Brust des Kindes zusammenfalten.*
Rundherum, rundherum	*Sich um die eigene Achse drehen*
und jetzt kommst du!	*und das Kind wieder absetzten.*

Kritze, kratze, schleicht die Katze

In dem nachfolgenden Spiel üben die Kinder leises, langsames Gehen. Anschließend dürfen sie abrupt ihr Tempo beschleunigen und losflitzen.

Text: überliefert

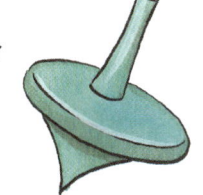

Kritze, kratze, schleicht die Katze.
Kritze, kratze, schleicht die Katze.
Kommt der Hund gelaufen,
wirft alle übern Haufen.

Im Kreis herumschleichen.
Schnell losrennen und
sich auf den Boden fallen lassen.

Variation: Ein älteres Kind könnte die Rolle des bellenden Hundes übernehmen, der (vorsichtig) alle „übern Haufen" wirft.

Wie bewegt sich mein Kuscheltier? +2

Material: Verschiedene Kuscheltiere (Lieblingstier von zu Hause mitbringen), Korb oder Kiste
Für die Variation: ca. 6 Slalom-Hütchen, kleiner Pappkarton (eventuell Ball)

Die Kinder sitzen im Kreis auf der Erde. Die Kuscheltiere liegen zunächst alle in einem Korb. Das erste Kind holt sein Tier aus dem Korb, stellt es mit Namen vor und macht dann einen typischen Laut (z. B. „Bellen" für einen Hund).

Anschließend bewegt es sich wie ein Hund und die anderen Kinder folgen ihm und spielen ebenfalls „Hund".

Wenn die Spielleitung in die Hände klatscht, setzen sich alle Kinder wieder auf ihren Platz. Das nächste Tier wird vorgestellt und nachgeahmt, bis alle Tiere einmal in Aktion waren.

Variation: Laufspiel für Kinder ab 2,5 Jahren. Die Hütchen werden im Abstand von etwa einem Meter hintereinander aufgestellt. Hinter das letzte Hütchen stellt die Erzieherin einen leeren Pappkarton. Auf ein Zeichen hin (z. B. in die Hände klatschen) startet das erste Kind mit seinem Stofftier (oder Ball) unter dem Arm. Es läuft im Slalom um die Hütchen und legt das Tier (bzw. den Ball) am Ende in den Karton.

Ausrennen +2

Material: Handtrommel (eventuell eine große Matte)

Die Kinder dürfen im Raum einmal so richtig rennen. Dazu schlägt die Spielleitung in mittlerer Lautstärke auf die Handtrommel. Plötzlich schlägt sie einmal ganz laut und kräftig. Alle Kinder werfen sich auf den Boden oder auf eine große Matte, die in der Mitte liegt. Dann geht es von vorne los!

Hinweis: Das Spiel ist auch als Spiel zum Warmwerden vor einer Bewegungsstunde (für ältere Kinder) geeignet.

Das Auto

Material: *Für die Variation:* evtl. kleine Gummi-Tennisringe (für ältere Mitspieler: große Gymnastikreifen)

Die Kinder bewegen sich wie Autos (vorwärtsrennen). Dabei darf gebrummt und getutet werden.

Text: Brigitte Wilmes-Mielenhausen

Brumm, brumm,   *Frei durch den Raum oder*
brumm, brumm,   *um einen großen Tisch im Kreis laufen.*
das Auto fährt herum.
Brumm, brumm,
brumm, brumm,
die Straße ist ganz krumm.
Und dann – oh Schreck,
hast du's gesehn?   *Stehen bleiben und*
Da bleibt das Auto einfach stehn.   *in die Hocke gehen.*

Variation 1: Die Kinder bekommen einen Gummiring als Lenkrad in die Hand.
Variation 2: Ältere Kinder halten einen Gymnastikreifen mit beiden Händen. In der Mitte des Reifens läuft ein anderes Kind.

Von Wand zu Wand

Material: Luftballon, Tuch, 6–8 Gymnastikreifen oder Slalom-Hütchen

Die Kinder sitzen in einer Reihe vor einer Wand. Die Spielleitung steht vor der gegenüberliegenden Wand am anderen Ende des Raums. Sie ruft: „Alle Kinder laufen her!" Vielleicht zeigen Sie den Kindern einen Luftballon, ein Stofftier o. Ä., um sie zum Laufen anzuregen. Lassen Sie die Kinder in verschiedene Rollen schlüpfen (z. B. „Alle Hunde laufen her!", oder alle Katzen, Pferde usw.).
Variation: Legen Sie Gymnastikreifen oder Slalom-Hütchen auf den Boden. Die Kinder flitzen um die Hindernisse herum zur gegenüberliegenden Wand.

Ein Elefant

Spielen Sie das folgende Bewegungsspiel im Kreis. Die Kinder schlüpfen in die Rolle von Elefanten, die sich erst langsam und dann schnell fortbewegen.

Text: überliefert

Ein Elefant wollt' bummeln gehn,
sich die weite Welt ansehn.
Langsam setzt er Fuß vor Fuß,
denn er ist kein Omnibus.
Bald ist er nicht mehr allein,
alle laufen hinterdrein.
Und schon singt das ganze Land,
das schöne Lied vom Elefant.

Hintereinander im Kreis herumgehen. Einen Arm nach vorne als Rüssel strecken.

Elefant, Fant, Fant,
kommt gerannt, rannt, rannt,
mit dem langen, langen, langen Rüssel.
Möchte raus, raus, raus,
aus dem Haus, Haus, Haus,
aber hat ja, hat ja, hat ja keinen Schlüssel.

Alle Kinder rennen durch den Raum.

Armer Elefant, bist umsonst gerannt,
kriegst zum Trost dafür,
Zucker jetzt von mir.
Aber bleib' auch fein hier!

Auf den Boden legen.

Variation: Lassen Sie die Elefanten im Wechsel gemütlich gehen und dann wieder rennen. Klatschen Sie dazu oder begleiten Sie die Bewegungen mit einer Handtrommel.

Schau, wie das fliegt

Material: nach Wahl z. B. Stöcke, Schleifenband, Seidenpapier, Luftballons, dünne Müllbeutel, Bindfaden
Für die Variation: farbige Chiffontücher

Die Kinder bekommen Materialien in die Hand, die sie zum Laufen und Rennen anregen. Binden Sie hierfür z. B. Schleifenband oder Papierstreifen an lange Stöcke (evtl. Glöckchen an die Streifen knoten) oder geben Sie jedem Kind einen Luftballon, an den Sie zuvor ein langes Band geknotet haben.
Weitere Möglichkeit: Bewegen Sie dünne Mülltüten hin und her, sodass sie sich mit Luft füllen. Knoten Sie die Tüten anschließend fest zu und binden Sie ein Band daran.
Variation: Bieten Sie den Kindern farbige Chiffontücher an, die sie beim Rennen mit sich führen und „fliegen" lassen können.

Koffer packen

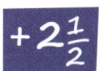

Material: Reisekoffer oder Kiste, verschiedene Gegenstände, z. B. Schuh, Puppe, Stofftier, Ball, Schal, Handschuhe, Mütze, Auto usw.

Die Erzieherin verteilt Gegenstände im Raum. Dann erzählt sie den Kindern, dass sie einen Koffer packen möchte. Dazu zeigt sie einen Reisekoffer (ersatzweise große Kiste oder Karton). Die Kinder sollen loslaufen, die Gegenstände blitzschnell einsammeln, herbeitragen und in den Koffer packen.
Variation: Sagen Sie den Namen der Gegenstände (z. B. „Ich packe eine Puppe ein!", oder einen Teddy, einen Ball usw.).

Mini-Sprossenwand

Material: Gymnastikstab oder Besenstiel, weiche Bodenmatte
Für die Variation: Tamburin, Schlegel, Band zum Festknoten, Tücher (evtl. Schere)

Zwei Erwachsene halten einen Gymnastikstab oder Besenstiel waagerecht. Das Kind steht auf einer Matte, streckt die Arme in die Höhe und umklammert den Stab mit beiden Händen. Die Erwachsenen heben nun das Kind mit dem Stab ein Stück in die Höhe. Die ganz Kleinen sind jedoch noch nicht in der Lage, schwungvoll zu pendeln. Meist ziehen sie nur die Beine an und strecken sie dann wieder oder sie „fahren" mit den Füßen in der Luft „Rad".

Variation 1: Haben Sie im Raum eine Sprossenwand? Schon kleine Kinder sind in der Lage, ein paar Sprossen zu erklimmen. Geben Sie Hilfestellung eventuell beim Abstieg!

Variation 2: Ab 2,5 Jahren: Knoten Sie ein Tamburin mit Hilfe eines Bandes an die obere Strosse. Daneben hängen Sie einen Schlegel auf (mit einem ca. 50 cm langen Band anknoten). Der Kletterkünstler, der oben angekommen ist, darf mit dem Schlegel auf dem Tamburin spielen.

Variation 3: Hängen Sie mehrere Tücher an die letzte Sprosse. Die Tücher sollen vor dem Abstieg „gepflückt" werden.

Podeste, Bretter, schiefe Ebenen
Podeste, Leitern, Stufen, Sprossen und schiefe Ebenen ziehen kleine Kletterkünstler magisch an. Immer wieder muss das Gleichgewicht ausbalanciert werden. Die Umgebung (Raumgestaltung) gibt dem Kind wichtige Bewegungsimpulse, macht Anpassungsreaktionen des Körpers notwendig und fördert seine motorische Entwicklung. Die Wiederholung ist ein Element des Lernens, denn auf diese Weise prägen sich die gerade neu entwickelten motorischen Fähigkeiten ein, sie werden immer wieder geübt und erweitert.

Schoß-Rutsche

Die Erzieherin setzt sich gemütlich hin, sodass sie die Beine ausstrecken kann. Das Kind klettert an den Beinen auf den Schoß der Erzieherin und rutscht anschließend, von den Händen der Erzieherin gehalten, die Beine wieder hinab.

Ri-Ra-Rutsche
Rutschen gehört ebenso wie das Schaukeln zu den wichtigsten Bewegungs-erfahrungen von kleinen Kindern. Dabei ist es oft schon eine kleine Mut-probe, sich hinab in die Tiefe gleiten zu lassen. Die Freude ist umso größer, wenn man es geschafft hat. Eine kleine Rutsche können Sie im Raum mit einfachen Mitteln aufbauen.

Reifen-Rutsche

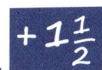

Material: 2–3 Autoreifen, langes Holzbrett (ca. 1,50 x 0,50 m), dicke Holzleiste (Länge: 0,50 m), 2 Schrauben (eventuell Holzleim), Kiste (Holz oder Kunststoff), mehrere Kissen, evtl. Matten

Befestigen Sie an der Unterseite des Brettes (unterhalb des oberen Endes) eine Leiste. Sie wird waagerecht geleimt und festgeschraubt. Die Leiste macht es mög-lich, das Brett an die Reifen zu lehnen bzw. einzuhängen, ohne dass es wegrutscht. Bauen Sie nun zwei bis drei Autoreifen zu einem Miniturm übereinander. Stop-fen Sie die Mitte der Reifen mit Kissen aus. Lehnen Sie das Rutschbrett an die Reifen. Zum Schluss stellen Sie eine Kiste als Aufstieg hinter den Reifen-Turm. Nun heißt es: Erst auf die Kiste, dann auf die Reifen klettern und runterrutschen.

Hinweis: Zur Sicherheit können um die Rutsche herum Matten ausgelegt wer-den!

Bank-Rutsche

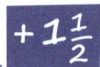

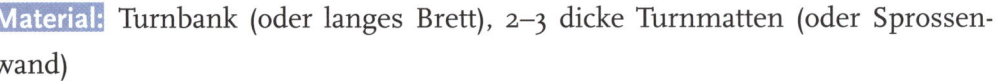

Material: Turnbank (oder langes Brett), 2–3 dicke Turnmatten (oder Sprossenwand)

Für die Variation: Wäschekorb, Spielzeugkiste oder Teppichfliese, Fell, Matten

Legen Sie zwei bis drei Turnmatten übereinander. Stellen Sie die Turnbank oder das Brett mit einer Seite auf die Turnmatten, sodass eine Schräge entsteht. Oder hängen Sie die Turnbank oder das Brett ziemlich weit unten an eine Sprossenwand ein. Die Kinder klettern auf die Schräge (eventuell Kiste für den Aufstieg hinstellen) und rutschen bäuchlings (mit den Füßen zuerst) oder sitzend hinunter.

Variation: Wer mag mal „Bob-Fahren"? Lassen Sie ein kleines Kind in einen Wäschekorb oder eine Spielzeugkiste steigen. Heben Sie die Kiste mit dem Kind oben auf die Rutsche. Halten Sie die Kiste mit beiden Händen und führen Sie sie langsam abwärts über das schräge Brett.

Ab 2 Jahren: Kinder rutschen auf einer umgedrehten Teppichfliese oder einem Fell die Rutsche hinab.

Hinweis: Zur Sicherheit Matten unter und neben die Rutsche legen!

Balancierspiele
Kinder möchten von sich aus über Mauern, Stege, liegende Baumstämme und ähnliche Hindernisse balancieren. Die Auseinandersetzung mit der Schwerkraft bedeutet eine Art „Nervenkitzel", der Sieg über sie gibt dem Kind Sicherheit und Selbstvertrauen. Die schräge Turnbank kann daher auch für Balancierspiele genutzt werden.

Sandsäckchen und co.

Material: Luftballons oder alte Kinderstrümpfe, Sand
Für die Variation: Stofftiere, Kuschelkissen (evtl. ruhige Musik)

Geben Sie Sand in die Luftballons oder die Kinderstrümpfe und knoten Sie sie fest zu. Die Kinder balancieren ihre Sandsäckchen auf ihrer Handfläche oder auf dem Handrücken. Ältere Kinder tragen sie auf dem Kopf, ohne dass sie runterfallen.

Variationen 1: Die Jüngsten tragen statt des Sandsäckchens ihr Stofftier oder ihr Kuschelkissen unter dem Arm oder mit Festhalten auf dem Kopf.

Variation 2: Spielen Sie Musik dazu. Die Kinder gehen passend zum Takt im Kreis.

Der fliegende Teppich

Material: Turnmatte oder Schaumstoffmatte, mindestens 20 Tennisbälle bzw. 10–15 Gymnastikstäbe
Für die Variation: Turnbank, großes Schwungtuch bzw. große Decke

Legen Sie eine Matte auf den Boden. Schieben Sie anschließend Tennisbälle (alternativ Gymnastikstäbe) unter die Matte und verteilen sie die Bälle möglichst gleichmäßig. Auf diese Weise wird die Matte mobil, d. h. sie lässt sich hin und her schieben. Kinder können sich nun auf die Matte legen oder setzen und eine Erzieherin bewegt die Matte hin und her.

Variation 1: Legen Sie eine Turnbank umgedreht auf die Stäbe. Ein bis zwei Kinder sitzen rittlings auf der Bank und werden von einem Erwachsenen vor und zurück bewegt.

Variation 2: Die Kinder sitzen oder liegen auf einem Schwungtuch oder auf einer großen Decke und werden von einem Erwachsenen oder von älteren Kindern durch den Raum gezogen.

Willis Wackelweg

Material: 6–8 Wärmflaschen (mit Wasser gefüllt), mindestens 1 Luftmatratze (aufgepumpt) , 6–8 alte Sofakissen, Kissenbezug (gefüllt mit Schaumstoffresten), mehrere kleine Kissen, Steppdecke oder Federbett, evtl. Weichbodenmatte
Für die Variation: Plastikplane oder Bettlaken, evtl. Quietschtiere aus Gummi

Legen Sie die Wärmeflaschen, die großen und kleinen Kissen und all die anderen Gegenstände hintereinander zu einem Wackelweg, über den die Kinder gehen können.
Variation: Decken Sie den Wackelweg mit Plastikplane oder einem Bettlaken ab, sodass die Kinder nicht sehen können, auf was sie treten. Interessant sind auch Quietschtiere aus Gummi, die beim Drübergehen Geräusche machen.

> **Wackliger Untergrund**
> Ein Untergrund, der nachgibt und sich bewegt, stellt, ähnlich wie schmale Stege und Brücken, hohe Anforderungen an den Gleichgewichtssinn. Anpassungsreaktionen des Körpers sind nötig und das Gleichgewicht muss immer wieder aufs Neue ausbalanciert werden.

Hopp, hopp, hopp

HÜPFEN, SPRINGEN UND SCHAUKELN

Nachdem Kinder das Gehen und Laufen erlernt haben, entwickeln sich im zweiten und dritten Lebensjahr weitere Bewegungsarten. Hüpfen und Springen sind Bewegungsformen, die Kinder besonders dann zeigen, wenn sie sich wohlfühlen. Ebenso reizvoll ist es, auf Gegenstände hinaufzusteigen, sich in die Tiefe fallen zu lassen (Niedersprung) und sich selbst durch Abfedern auffangen zu können. Später finden Kinder auch Freude daran, in die Höhe zu springen oder kleine Hindernisse durch Sprünge zu überwinden.

Häschen in der Grube

Material: *Für die Variation: 6–8 Gymnastikreifen*

Ein bekanntes und beliebtes Gruppenspiel im Kreis, das die Kinder zu Hüpfbewegungen anregt und jede Menge Spaß bringt.

Text: überliefert

Häschen in der Grube	*Alle Kinder legen im Sitzen oder Stehen*
sitzt und schläft,	*den Kopf zur Seite auf die Hände.*
sitzt und schläft.	
Armes Häschen, bist du krank,	
dass du nicht mehr hüpfen kannst.	
Häschen hüpf! Häschen hüpf!	*Alle Kinder hüpfen auf der Stelle*
Häschen hat sich ausgehüpft.	*oder im Raum verteilt.*

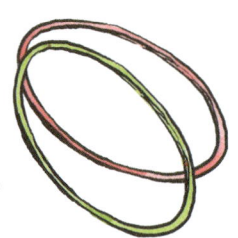

Variation 1: In der Kreismitte schläft ein Hase, der bei „Häschen hüpf!" zu einem anderen Kind im Kreis hüpft. Das ausgewählte Kind geht jetzt als neuer Hase in die Mitte.

Variation 2: Gymnastikreifen zu einem Kreis oder einer Straße legen. Die Kinder hüpfen als Hasen von Reifen zu Reifen.

> **„Häschen-hüpf"-Spiele**
> Beim Hüpfen werden viele kleine, schnelle Bewegungen aneinandergereiht. Kleine Kinder hüpfen auf der Stelle und im Laufe der weiteren Entwicklung auch vorwärts durch den Raum. Ältere Kinder lernen bald auch das Galopphüpfen, wobei sie vorwärts hüpfen und dabei ein Bein vorsetzen und das andere Bein nachstellen.

Wäsche hängen

Material: Wäscheleine, verschiedene Tücher

Zwei Erzieherinnen halten jeweils ein Ende der Wäscheleine, sodass die Leine straff gespannt ist. Wichtig: Die Kinder sollen die Leine bequem erreichen und Tücher darüberlegen können. Sind alle Tücher auf der Leine, so heben die Erzieherinnen die Leine ein Stück höher. Nun heißt es für die Kinder: In die Höhe springen und versuchen, die Tücher zu erwischen und von der Leine zu ziehen.

Hinweis: Alternativ können auch zwei ältere Kinder die Leine halten und dazu jeweils auf einem Stuhl stehen.

Froschhüpfen

Die Kinder sitzen im Kreis und klatschen bzw. patschen die Froschgeschichte mit, am Schluss plumpsen sie auf die Erde.

Text: Brigitte Wilmes-Mielenhausen

Ein kleiner grüner Frosch,
der sitzt auf seinem Blatt.   *Die Kinder stehen oder sitzen am Boden*
Da hört man lautes Klatschen,   *und klatschen in die Hände.*
da hört man lautes Platschen,   *Mit der flachen Hand auf die Oberschenkel patschen.*
und „plumps", da taucht   *Mit einem Hüpfer nach vorn*
der Frosch schon ab.   *auf die Erde plumpsen lassen.*

Mini-Hüpfburg

Material: Schaumstoffmatten, Polster, Kissen, Decken, eventuell Handtrommel
Für die Variationen: Minitrampolin oder Lkw-Reifen (bzw. -Schlauch) und Petziball

Legen Sie Schaumstoffmatten und Polster auf die Erde und verteilen Sie darauf unterschiedliche Kissen und Decken. Die Kinder steigen auf den wackeligen Untergrund, balancieren, hüpfen und springen.

Dazu klatschen Sie vielleicht in die Hände oder schlagen eine Trommel, wobei der Klang zusätzlich zu Bewegungen anregt.

Variation 1: Stellen Sie ein Minitrampolin auf den Boden und platzieren Sie rundherum rutschfeste Matten, Polster und Kissen. Die Kinder können nicht nur Hüpf- und Sprungversuche auf dem Trampolin machen, sondern auch herunterspringen und weich landen (z. B. auf einer Turn- oder Weichbodenmatte).

Variation 2: Stecken Sie in die Mitte eines Lkw-Reifens (bzw. Lkw-Schlauchs) einen Petziball. Die Kinder steigen auf den Reifen, halten sich mit den Händen an dem dicken Ball in der Mitte fest und beginnen vielleicht, auf dem Reifen zu hüpfen, auf und ab zu steigen usw.

> **Tipp**
> Besorgen Sie ein ausrangiertes Bett oder einen Bettkasten mit Sprungfedern oder mit stabilem Lattenrost (z. B. vom Sperrmüll). Wenn Sie eine bezogene Matratze darauflegen, so kann es jeweils 1–2 Kindern als Hüpfburg dienen.

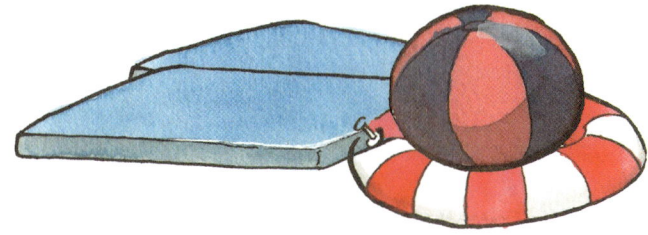

Pferd und Reiter

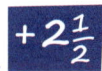

Material: Gymnastikseilchen oder lange Bänder

Für die Variationen: Hindernisse (z. B. Kisten, Gymnastikreifen, Stäbe)

Ein Kind spielt Pferd und bekommt ein Seilchen oder ein langes Band um den Körper gelegt, das andere Kind spielt den Reiter. Das Pferd geht, läuft, rennt oder galoppiert je nach Fähigkeit und Bedürfnis.

Variation 1: Sie können das Spiel interessanter gestalten, indem Sie Hindernisse auf den Boden legen (z. B. Kisten, Gymnastikreifen, Stäbe usw.) die beim Laufen nicht berührt werden dürfen.

Variation 2: Sie können auch höhere Hindernisse aufbauen (z. B. einen Stab auf zwei Kisten legen oder ein Seil dazwischenspannen und mit Klebeband fixieren).

Variation 3: Sie legen aus vielen Seilen eine lange, kurvenreiche Straße. Die Pferde laufen die Straße entlang, ohne vom Weg abzukommen.

Hinweis: Das Band darf nicht um den Hals des Kindes gelegt werden oder einzelne Körperteile abschnüren!

Wippenspaß

Material: Turnmatte, Turnbank, Abflussrohr (ca. 20 cm Durchmesser), mehrere Seile

Legen Sie das Abflussrohr auf die Erde (die Öffnung zeigt zu Ihnen) und die Turnmatte quer über das Abflussrohr. Stellen Sie die Turnbank ebenfalls quer darauf (breite Seite nach unten). Nun befestigen Sie die Turnbank. Dazu führen Sie die Seile durch das Abflussrohr, winden die Enden mehrmals fest um den Mittelsteg der Turnbank und binden sie dort fest. Fertig!

Jetzt kann ein Kind von der einen Seite der Bank auf die andere krabbeln, wobei die Bank auf die andere Seite kippt, wenn die Mittellinie überschritten wird.

Variation: zwei bis vier Kinder sitzen sich auf der Bank gegenüber, verlagern ihr Gewicht und „wippen".

Hinweis: Bitte vorab testen, ob die Konstruktion kippsicher ist!

Hopp, hopp

Material: Pferdeleinen (wenn paarweise gespielt wird)
Für die Variation: Gymnastikstäbe nach Anzahl der Mitspieler

Singen Sie das unten stehende Lied vom Pferdchen. Das Getrappel der Hufe kann mit einem Instrument (z. B. Holzblocktrommel, Klanghölzer) dargestellt werden. Die Kinder laufen, hüpfen oder galoppieren im Raum. Ältere Kinder können evtl. über Hindernisse laufen.

Text: überliefert

Hopp, hopp, hopp,
Pferdchen, lauf Galopp.
Über Stock und über Steine,
aber brich dir nicht die Beine.
Hopp, hopp, hopp,
Pferdchen lauf' Galopp.

Brr, brr, he!
Steh, mein Pferdchen, steh!
Sollst noch heute weiter springen,
muss dir nur noch Futter bringen.
Steh doch, Pferdchen, steh!
Brr, brr, brr, brr, he!!!

Variation: Die Kinder klemmen sich lange Holzstäbe zwischen die Beine und reiten auf diesen „Steckenpferden".

Klettern und Hinunterspringen
Beim Springen lösen Kinder den Körper für kurze Zeit von der Erde, um ihn anschließend bei der Landung abzufangen. Das Hinunterspringen ist die einfachste Form des Springens, hier braucht das Kind – anders als beim Hochspringen oder Überspringen – den Körper nur wenig abzudrücken.

Ab in die Tiefe

Material: je nach Variante (s. u.) Turnbank, Tische/Stühle, Schaumstoff- bzw. Turnmatten, Kissen, Turnkästen

Lassen Sie die Kinder

- über eine Turnbank (zuerst die breite, dann die schmale Seite),
- eine Reihe von Kindertischen oder Stühlen,
- über mehrere niedrige Turnkästen oder dicke Matten,
- draußen über Bordsteinkanten, Mauern, Baumstämme gehen und dann am Ende hinunterspringen. Ein weicher Untergrund erleichtert das Aufkommen und Abfedern.

Lassen Sie die Kinder auf Matten oder in weiche Kissen und Poster springen. Wie wäre es mit einem Niedersprung in einen markierten Kreis (aus Kreide)? Oder die Kinder dürfen in Ihre ausgebreiteten Arme springen („Wer springt in meine Arme?").

Kletterburg

Material: 4–6 Autoreifen, Seilchen, Kissen, Matten

Bauen Sie aus den Reifen verschiedene Stufen. Legen Sie zunächst einen einzelnen Reifen auf den Boden. Dahinter platzieren Sie zwei Reifen übereinander, schließlich drei Reifen übereinander usw. Verknoten Sie die Reifen mit Seilen, sodass sie Stabilität bekommen. Das Innere der Reifen füllen Sie mit Kissen aus. Nun heißt es: Wer schafft es, auf den höchsten Reifen-Turm zu klettern? Wer traut sich, auf der anderen Seite wieder hinunterzuspringen?

Hinweis: Zur Sicherheit Matten um die Reifen herumlegen!

Brücken und Stege

Material: Turnbank, Turnmatte

Für die Variation: 1 Holzbrett (ca. 1,50 m lang, etwa 30 cm breit) bzw. mehrere Bretter, nach Wahl: Autoreifen, Polsterkissen, Turn- oder Getränkekästen, evtl. Gegenstände zum Transportieren (Bälle, Tücher, Stofftiere usw.)

Ein Kind nach dem anderen geht barfuß über die Turnbank, erst über die breite, später über die schmale Seite. Am Ende der Bank: Niedersprung auf eine Turnmatte.

Als Rollenspiel: Ein Teil der Gruppe spielt Krokodile, die auf der Erde herumkrabbeln. Die anderen Kinder müssen sicher über die Bank (Brücke) ans andere Ufer balancieren. Die Krokodile sind sehr „hungrig". Sie versuchen, die Kinder beim Balancieren zu stören. Am Ende erfolgt immer der Sprung auf „sicheres Terrain".

Variation 1: Ein Holzbrett flach auf den Boden legen und darübergehen.

Variation 2: Ein Holzbrett rechts und links auf je einen Autoreifen (Polster, Getränkekiste oder Turnkasten) legen und darübergehen.

Variation 3: Über einen längeren „Bretter-Weg" gehen. Dafür ca. acht bis zehn Bretter entweder flach auf den Boden legen oder teilweise durch Kisten oder Polster erhöhen.

Variation 4: Beim Gehen einen Gegenstand transportieren (Ball, Tuch usw.).

Hinweis: Jüngere Kinder brauchen zunächst eine breite Fläche zum Balancieren. Mit zunehmender Sicherheit können Sie dann schmale Flächen anbieten und den Abstand zum Boden erhöhen.

Hindernisse und Gräben

Schwieriger als das Hinunterspringen ist das Hinaufspringen auf kleine Hindernisse oder das Überspringen von Hindernissen. Dies gelingt den Kindern meist erst gegen Ende des 3. Lebensjahres. Beginnen Sie mit flachen Hindernissen bzw. mit kleinen Gräben zwischen flachen Hindernissen. Später können Sie höhere Hindernisse aufbauen.

Bewegungsgarten für Springfrösche

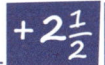

Material: Kreide, mehrere Seile oder ein dickes Tau, 6–8 Gymnastikreifen, Bierdeckel (bzw. Deckel von Schuhkartons, Teppichfliesen), Schaumstoffmatten, Klebeband

Folgende Materialien und Geräte können Sie im Rahmen einer einzelnen Spielaktion, aber auch als „Bewegungsgarten" mit verschiedenen Stationen anbieten:

- Zeichnen Sie mit Kreide eine lange Linie oder Figuren auf die Erde (z. B. ein Schiff, ein Auto, ein Haus usw.). Die Kinder steigen oder springen hinein und wieder hinaus.
- Legen Sie ein Seil oder Tau auf den Boden und die Kinder steigen oder springen darüber.
- Legen Sie Gymnastikreifen zu einer langen Straße oder zu einer Blume. Die Kinder steigen/springen von Reifen zu Reifen.

- Legen Sie Bierdeckel, Deckel von Schuhkartons oder Teppichfliesen zu einem kurvigen Weg. Nun gehen oder springen die Kinder von Platz zu Platz den Weg entlang. Hinweis: Kleben Sie die Bierdeckel, Kartondeckel und Fliesen mit Klebeband am Boden fest und vergewissern Sie sich, dass sie nicht wegrutschen, wenn die Kinder daraufspringen!
- Verteilen Sie Schaumstoffmatten als „Inseln" im Raum. Die Kinder laufen um die Matten herum und springen dann auf ihre Insel.

Schaukeltuch

Material: Decke oder Bettlaken

Ein Kind setzt sich oder legt sich auf die Decke. Zwei Erwachsene umfassen jeweils zwei Zipfel der Decke und schaukeln das Kind rhythmisch hin und her.

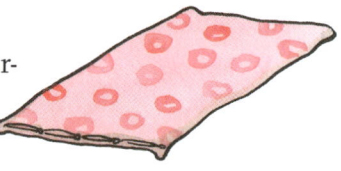

Hinweis: Sagen Sie beim Schaukeln einen Spruch oder singen Sie ein Lied dazu („Die Engelchen werden geschaukelt, geschaukelt" o. Ä.).

Alles im Gleichgewicht
Ohne den Gleichgewichtssinn wären kleine Kinder nicht in der Lage, sich in den Stand aufzurichten, aufrecht zu gehen und sich im Raum zu orientieren. Das Gleichgewichtssystem liegt im Innenohr und spielt eine wichtige Rolle in der gesamten Arbeit des Gehirns. Schaukeln regt den Gleichgewichtssinn in besonderer Weise an und wirkt zudem ausgleichend, tröstend und beruhigend auf Kinder.

Schaukelkorb

Material: Wäschekorb
Für die Variation: ca. 6 Gymnastikstäbe oder Kunststoffrohre

Das Kind steigt in den Wäschekorb, wird von zwei Erzieherinnen geschaukelt und zum Schluss auf den Boden gestellt. Sagen Sie dazu folgenden Spruch:

Text: Brigitte Wilmes-Mielenhausen

Fährt ein Schifflein auf dem Meer,
schaukelt hin und schaukelt her.
Kommt ein Sturm – wie dumm,
fällt das Schifflein um.

Variation: Stellen Sie den Korb auf Gymnastikstäbe oder Kunststoffrohre und bewegen Sie ihn darauf hin und her.

Schaukelröhre

Material: Turnmatte, 2 Gymnastikreifen, evtl. Decken und Kissen
Für die Variation: eine Tonne oder Regenfass aus Kunststoff, oder einen fertigen „Krabbeltunnel" aus Stoff

Biegen Sie die langen Seiten einer Turnmatte in die Höhe (zu einem U). Schieben Sie das vordere und das hintere Ende der gebogenen Matte in je einen Gymnastikreifen, dabei müssen die Reifen senkrecht auf dem Boden stehen. Nun kann sich ein Kind auf die Matte legen. Die bauchige Unterseite der Matte wirkt wie eine Wiege. Das Kind kann darin geschaukelt werden.
Variation 1: Besorgen Sie eine Tonne oder ein Regenfass, das Sie eventuell noch mit einer Decke auspolstern. Schaukeln Sie das Fass mit einem Kind darin hin und her.
Variation 2: Ein Kind legt sich in einen „Krabbeltunnel" und wird darin geschaukelt. Auch diesen kann man zuvor mit Decken und Kissen auslegen.

> **Schaukelspiele**
> Haltevorrichtungen unter der Raumdecke bieten die Möglichkeit, Seile und Haken für eine Hängematte oder eine Strickleiter einhängen zu können. Schaukelpferd, Kinder-Schaukelstuhl oder eine alte Kinderwiege bieten ebenfalls Schaukelmöglichkeiten im Alltag. Auch psychomotorische Geräte wie Balancierscheibe, Kullerkreisel und Rollbrett lassen sich für Bewegungs- und Gleichgewichts-Spiele einsetzen.

Karussell

Material: Rollbrett, Autoreifen, ca. 2 Seile

Binden Sie den Autoreifen mit Hilfe der Seile auf einem runden Rollbrett fest. Nun setzt sich ein Kind in den Reifen hinein und wird von einer Erzieherin im Kreis bewegt. Entweder um die eigene Achse oder um die Achse der Erzieherin herum.

Hin und her, kreuz und quer

ZIEHEN, SCHIEBEN UND TRANSPORTIEREN

Kleinkinder lieben es, im Zuge ihrer ersten Krabbel-, Geh- und Laufversuche Gegenstände von einem Ort zum anderen zu befördern. Sie tragen Dinge umher, ziehen Spielzeug durch die Gegend, schieben Karren, Wagen und andere Hilfsmittel zum Transport.

Der mobile Karton

Material: 1–3 Rollbretter, 1–3 Kartons, mehrere Seile
Für die Variation: Mittelteil eines Turnkastens

Binden Sie auf jedem Rollbrett einen Karton mit Hilfe eines Seils fest (unten Löcher in den Karton bohren, Seil durchfädeln und an das Brett knoten). Die Kinder können Spielzeug in den mobilen Karton laden und von einem Ort zum anderen schieben. Dabei bewegen sie sich auf allen vieren oder aufrecht. Bei altersgemischten Gruppen kann sich ein jüngeres Kind in den Karton setzen, während ein älteres ihn schiebt.

Variation: Statt des Kartons wird der Mittelteil eines Turnkastens auf dem Brett festgebunden.

Spiele mit Rollbrettern
Rollende Bretter können Sie selber bauen. Schrauben Sie 4 Räder (Schwenkrollen aus dem Baumarkt) unter ein stabiles Holzbrett (ca. 60x35 cm). Ecken und Kanten bitte glatt abschleifen! Oder besorgen Sie sich mobile Blumenuntersetzer auf Rädern. Fertige Rollbretter bekommen Sie im Sport-, Psychomotorik- oder Kindergartenbedarf.

Der Turnbus kommt

Material: Turnbank oder langes Brett, 2 Rollbretter, evtl. mehrere Seile

Stellen Sie rechts und links unter jeden Fuß der Turnbank ein Rollbrett oder binden Sie ein langes Brett mit jeder Seite auf je einem Rollbrett fest. Die Kinder setzen sich rittlings auf die Bank (je nach Höhe Beine baumeln lassen oder aufstellen). Ein Erwachsener oder mehrere ältere Kinder schieben den „Turnbus" langsam durch den Raum.

Die kleine Raupe

Material: Papprollen (z. B. Haushaltsrolle, Toilettenrolle) oder ganz dicke Holzperlen bzw. durchbohrte Holz- oder Styroporkugeln (alternativ Kastanien), Bindfaden (ca. 1,5 m lang)

Gestalten Sie eine „Raupe". Dazu schieben Sie einen Bindfaden durch 6–8 Papprollen. Verkleben oder verknoten Sie den Faden in der letzten Papprolle. Sie können den Faden auch mit einer Wäscheklammer feststecken.

Knoten Sie zum Schluss eine Holzperle an das vordere Ende des Bindfadens. So kann das Kind den Faden beim Ziehen der Raupe besser halten! Die Raupe soll die Kinder zur Fortbewegung anregen.

Variation: Fädeln Sie dicke Perlen, Styroporkugeln oder Kastanien zu einer „Raupe" auf einem Band auf.

> **Spiele mit Ziehtieren und Wagen**
> Bei Transport-Spielen verbinden Kinder feinmotorische mit grobmotorischen Bewegungen. Auch der Gleichgewichtssinn und die Orientierung im Raum werden in besonderer Weise angesprochen. Für kleine Kinder ist es schon eine Kunst, nicht nur aufrecht zu gehen, sondern darüber hinaus auch noch Gegenstände zu ergreifen, zu halten, zu bewegen und sich mit ihnen im Raum zu orientieren.

Teppichleger

Material: viele unterschiedliche Teppichfliesen, Turnbank oder Brett

Ein neuer Teppich soll gelegt werden. Dazu transportieren die Kinder die Teppichfliesen einzeln über eine Turnbank oder über ein Brett. Es können auch viele Gymnastikreifen auf die Erde gelegt werden. Dann heißt es: Mit einer Fliese in der Hand hinübergehen.

Am Ende der Strecke soll der „neue Teppich" entstehen. Die Fliesen werden nebeneinander oder hintereinander auf den Boden gelegt.

Fließband

Material: Turnbank, rutschige Gegenstände zum Schieben, z. B. Putzlappen, Wischmopp, kleine Decke, Kissen, Fell, Karton usw.
Für die Variation: 2 Turnbänke

Eine Turnbank wird aufgestellt (breite oder schmale Seite nach oben). Ein Kind nach dem anderen kann nun einen Gegenstand von einem Ende der Bank zum anderen schieben bzw. befördern z. B. einen Putzlappen, einen Karton (vielleicht mit Puppe oder Kuscheltier darin) oder ein Kissen.
Variation: Ab 2 Jahren: Stellen Sie zwei Bänke der Länge nach parallel nebeneinander. Dazwischen ist eine schmale Gasse, durch die das Kind geht und dabei rechts und links auf der jeweiligen Bank einen Gegenstand schiebt.

Hinweise: Ältere Kinder können auch einen Ball über die Bank rollen.

Jetzt kommt der Puppenbus

Material: mindestens 1 Schuhkarton, Bindfaden (evtl. mit Holzperle zum besseren Festhalten), Puppen oder Stofftiere

Knoten Sie den Bindfaden an den Karton. Die Kinder setzen eine Puppe oder ein Stofftier hinein. Wer möchte jetzt den „Puppenbus" ziehen?
Variation: Bei älteren Kindern knoten Sie viele Kartons zu einem Zug hintereinander. Jetzt können mehrere Puppen oder Tiere mitfahren.

Ziehtier selbst gemacht
Kleben Sie einen kleinen Schuhkarton als Kopf auf das vordere Ende eines großen Schuhkartons (Rumpf). Nun kann das „Tier" von älteren Kindern mit Fingerfarbe angemalt werden. Eventuell „Tieraugen" an den Kopf kleben und ein langes Band anknoten.
Oder auf die Schnelle: Befestigen Sie ein langes Band an eine leere Plastikflasche, einen Eierkarton, ein Stück Holz oder ein Stofftier. Schon kann der Gegenstand durch den Raum gezogen werden.

Müllabfuhr

Material: nach Wahl: Schubkarre, Puppenwagen, Rutschauto mit Ladeklappe bzw. Anhänger oder Wäschewannen, Kartons, fahrbare Spielzeugkisten
Für die Variation: Tuch oder Decke

Verteilen Sie im Raum z.B. zusammengeknülltes Papier, Verpackungsmaterial, Schachteln, Dosen usw. Die Müllabfuhr kommt mit ihren Müllautos (Pappkartons, Rutschautos, Schubkarren), lädt den Müll ein und fährt ihn zur Müllkippe (Papierkorb oder großer Pappkarton).
Variation: Der Müll wird auf ein großes Tuch/eine große Decke geladen, durch den Raum gezogen und anschließend wieder abgeladen.

> **Transportspiele**
> Lkws mit Ladeklappe, Rutschautos mit Anhänger, Puppenwagen und Schubkarren sind im zweiten und dritten Lebensjahr besonders beliebt. Auch alltägliche Gegenstände wie Wäschewannen und Kartons eignen sich für Spiele rund ums Be- und Entladen und zum Transportieren.

Tierfütterung

 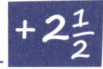

Material: Stofftiere, Turnbank oder Brett, Turnkasten, Matten
Als „Futter" für die Tiere wahlweise: kleine Bälle, Papierkugeln, Tücher, Kastanien in einem Körbchen

Bauen Sie eine schräge Ebene. Dazu hängen Sie eine Turnbank in einen Turnkasten ein oder legen ein Brett an einer Seite auf eine breite Kiste oder ein Polster. Platzieren Sie hinter der Kiste (bzw. dem Turnkasten) eine Matte und stellen Sie mit den Kindern Stofftiere darauf.
Die Stofftiere warten auf Futter. Dazu nimmt jedes Kind das „Tierfutter" (z.B. einen kleinen Ball oder ein Tuch) aus dem Körbchen und transportiert das Futter zu Fuß geschickt über die schräge Turnbank bzw. das Brett.
Am Ende springt es auf die Matte ab und gibt einem der Stofftiere das „Futter".
Danach ist das nächste Kind an der Reihe.

Wasserträger

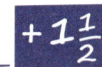

Material: mehrere Messbecher oder Kannen, Joghurtbecher, Eimer, Schüsseln oder Wannen mit und ohne Wasser

Für die Variation: kleine Schwimmtiere (z. B. Fische und Enten)

Die Kinder können zunächst mit Bechern oder Kannen und Wasser in Schüsseln oder Wannen experimentieren. Dann gehen die „Wasserträger" an den Start. Ziel ist eine entfernt aufgestellte leere Wäschewanne oder eine große leere Schüssel. Dort darf das Wasser ausgeleert werden.

Variation: Die Kinder legen in das leere Gefäß ein paar Schwimmtiere, die mit steigendem Wasserstand mit aufsteigen und zu schwimmen beginnen.

Auf zum Transport

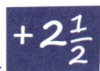

Material: mehrere Haushalts- bzw. Autoschwämme, Eimer, Schüsseln bzw. Wannen mit und ohne Wasser

Für die Variation: Hindernisse wie Kisten oder Slalom-Hütchen

Die Kinder tauchen die Schwämme in Wassereimer und beobachten, wie sie sich mit Wasser vollsaugen. Stellen Sie leere Schüsseln oder Wannen in einiger Entfernung auf, sodass die Kinder die Schwämme gehend oder laufend dorthin transportieren und mit den Händen über der Schüssel bzw. Wanne ausdrücken können.

Variation: Stellen sie ein paar Hindernisse in den Weg, z. B. Kisten oder Slalom-Hütchen, um die nun die „Schwammträger" herumlaufen müssen.

Bauarbeiter

Material: viele verschiedene Kartons unterschiedlicher Größe, Rollbretter, Wannen und Kisten für den Transport, evtl. Klebeband oder Absperrband

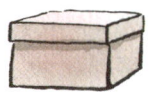

An einem Ende des Raumes soll eine Mauer oder ein Turm gebaut werden. Die Baustelle kann man durch Klebestreifen auf dem Boden oder durch Absperrband kennzeichnen.

In einer entfernten Ecke liegen die Baumaterialien: viele verschiedene Kartons. Die Kinder tragen oder schieben nun die Kartons zur Baustelle, eventuell kommen Hilfsmittel wie Rollbretter, Wannen oder Kisten zum Einsatz. Dann wird gebaut, d. h. die Kartons werden nebeneinander- oder übereinandergestellt.

Eisenbahntunnel

Material: 8 große Kartons oder Stühle, ca. 3 Turnmatten, kleiner Karton oder Rollbrett

Für die Variation: Puppe oder Kuscheltier

Bauen Sie mit den Kindern zunächst einen Tunnel. Dazu stellen Sie die Kartons oder Stühle paarweise gegenüber auf, sodass eine Gasse entsteht. Legen Sie nun die Matten darüber (kurze Seite nach außen). Stellen Sie an den Anfang des Tunnels einen kleinen Karton oder ein Rollbrett. Wer möchte den Karton bzw. das Rollbrett krabbelnd durch den Tunnel schieben?

Variation: Die Kinder setzen eine Puppe oder ein Kuscheltier in den Karton oder auf das Rollbrett.

Kinder-Wagen-Rallye

+1

Material: „Kinderwagen": z. B. stabile Puppenwagen aus Holz, alte Baby-Karren, Buggys, Lauflernwagen
Für die Variation: Gymnastikreifen, Kartons, Slalom-Hütchen

Die Kinder schieben selbst die Wagen oder lassen sich von einem anderen Kind oder von einem Erwachsenen darin sitzend umherschieben. Dann darf gewechselt werden und ein anderes Kind steigt ein.
Variation: Legen Sie Hindernisse auf den Boden (z. B. Gymnastikreifen, Kartons, Slalom-Hütchen), die umfahren werden müssen.

Der kleine Rasenmäher

+2

Material: „Rasenmäher": z. B. Pappkartons, fahrbare Spielzeugkisten, Puppenwagen, Schubkarren

Die Kinder schieben ihre „Rasenmäher" umher. Sie sammeln draußen Rasenschnitt, Blätter, im Winter Schnee o. Ä. ein. Sie können auch Spielzeug auf die Wiese legen und einsammeln lassen. Zum Schluss wird die ganze Fracht ausgeleert.

Geschickte Hände

TÜFTELN, ROLLEN, WERFEN UND FANGEN

Auf der Grundlage der Grobmotorik entwickelt sich die Feinmotorik (Bewegung der Finger und Hände, Füße und Zehen, Mundmotorik).

Zwischen dem 4. und 6. Lebensmonat macht das Kind einen großen Schritt im Bereich der „Augen-Hand-Koordination". Jetzt ist es mehr und mehr in der Lage, Arm-, Hand- und Fingerbewegungen auf ein Ziel zu richten. Das Kind kann Gegenstände zunehmend sicher ergreifen bzw. loszulassen. Das Greifen (Pinzetten- bzw. Zangengriff) und Tasten spielt eine große Rolle bei der kognitiven Entwicklung, denn über das Greifen erfolgt ein Be-Greifen der Dinge und ihrer Eigenschaften.

1, 2, 3 Rosinen

Material: dicke, weiche Rosinen oder kernlose Weintrauben
Für die Variation: Wollfäden, kleine Papierkugeln, kleine Schüssel

Legen Sie den Kindern beim Frühstück Rosinen auf den Tisch oder auf einen Teller. Die Rosinen müssen groß und weich sein, damit die Kinder sie gut kauen können. Beobachten Sie, ob die Kinder Interesse daran haben, die kleinen Teile mit gestrecktem bzw. gebeugtem Daumen und Zeigefinger aufzunehmen.
Variation: Bieten Sie auch andere Dinge, z. B. verschiedene Wollfäden oder kleine Papierkugeln an, die die Kinder in einer kleinen Schüssel sammeln können.

> **WICHTIG**
> Achten Sie darauf, dass die Kinder sich bei allen Angeboten an den Rosinen, Holzperlen oder Erbsen usw. nicht verschlucken. Kinder unter drei Jahren nehmen alles gerne in den Mund und erleben das Material dadurch mit allen Sinnen. Lassen Sie die Kinder jedoch nie unbeaufsichtigt mit den Materialien spielen und weisen Sie die Kinder immer wieder spielerisch darauf hin, dass die Materialien z. B. sortiert und aufgesammelt werden sollen.

Auf und Zu

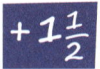

Material: Plastikflaschen, -dosen, -tiegel mit Schraubverschlüssen
Für die Variation: altes Schloss mit großem Schlüssel, alter Schlüsselkasten, leeres Nähkästchen, alte Geldbörsen, Taschen

Geben Sie den Kindern verschiedene Flaschen und Dosen mit Schraubverschlüssen. Viele Kinder sind von solchen Verschlüssen fasziniert und betätigen unzählige Male den Mechanismus des Auf- und Zuschraubens.
Variation: Lassen Sie die Kinder mit Schlüsseln und Schlössern experimentieren.

Nimmersatt

Material: Tennisball oder Gummiball, spitze Schere, Filzstift, kleine Teile zum „Füttern" des „Nimmersatt", wie z. B. Holzperlen, Erbsen, Papierkugeln

Schneiden Sie mit einer spitzen Schere in einen Ball einen Schlitz von ca. 2 cm Länge. Malen Sie mit einem Filzstift zwei Punkte als „Augen" darüber.

Nehmen Sie den Ball zwischen Daumen und Zeigefinger und drücken Sie ihn etwas zusammen, sodass „Nimmersatt" seinen Mund aufsperrt und nach „Futter" ruft.

Mit geschickten Fingern greifen die Kinder nach dem „Futter" (z. B. Papierkugeln) und stopfen es in den Mund des gefräßigen Nimmersatts, bis der ganze Ball gefüllt ist.

> **Kleine Helfer-Hände**
> Die Kleinsten helfen gern bei alltäglichen Verrichtungen (z. B. Tisch decken, spülen, fegen, aufräumen). Lassen Sie die Kinder mit einfachen, ungefährlichen Haushaltsgegenständen (z. B. Becher, Dosen, Schüsseln, Schneebesen) hantieren. Sie sind oft interessanter als fertige Spielzeuge. Gegen Ende des 1. und Anfang des 2. Lebensjahres sind viele Kinder in der Lage, selbstständig einen Löffel zum Mund zu führen, eine Tasse zu halten und daraus zu trinken, sich die Haare zu kämmen und sich beim An- und Ausziehen zu beteiligen.

Und „Plumps!"

Material: 1–3 große Plastikflaschen, Schüsseln oder Dosen, kleine Knöpfe, Kugeln, Erbsen

Geben Sie den Kindern die großen Plastikflaschen ohne Verschluss. Stellen Sie ein Schälchen mit kleinen Teilen auf den Tisch (z. B. Knöpfe oder Perlen). Vielleicht probieren die Kinder, die kleinen Teile in die große Flasche plumpsen zu lassen. Das macht lustige Geräusche. Sie können statt der Flaschen auch Plastikschüsseln, Dosen oder andere Behälter aufstellen.

> **Experimentierspiele**
> Kleine Kinder haben lebhaftes Interesse an Gebrauchsgegenständen. Im Krippenbereich sollten Kisten mit alltäglichen, ungefährlichen Gegenständen und Materialien stehen, die von den Kleinen geöffnet, ausgeräumt, eingeräumt und deren Inhalt untersucht und ausprobiert werden kann. Neugier ist das Tor zum Lernen!

Suppenköche

Material: große trockene Nudeln, Töpfe, Schüsseln, Löffel (z. B. Kochlöffel, Suppenkellen, Suppenlöffel, Eierlöffel)
Für die Variation: größere Kastanien

Die Kinder bekommen große Nudeln in Töpfen und Schüsseln. Dazu erhalten sie verschieden große Löffel. Je nach Beschaffenheit und Größe der Löffel ist es unterschiedlich schwierig, die Nudeln zu handhaben (z. B. in andere Töpfe oder Schüsseln umzufüllen).
Variation: Auch Kastanien sind interessante Hilfsmittel für Experimente und eignen sich zudem für erste Rollenspiele in der Puppenküche.

Klammer, Klammer

Material: viele Wäscheklammern, evtl. Wäscheleine, Pappstreifen, leere Kaffeedosen mit Plastikdeckel

Für die Variation: 3–4 Rollbretter oder Bobbycars

Was kann man alles mit Wäscheklammern machen? Kinder können die Klammern in Dosen füllen, an Pappstreifen festklammern oder eine Wäscheleine im Raum schmücken.

Variation 1: Gemeinsam wird Puppenwäsche gewaschen (entweder real mit Wasser oder fiktiv). Zum Schluss werden die Kleidungsstücke auf die Leine gehängt und gemeinsam festgeklammert.

Variation 2: Die Kinder sind mit Rollbrettern oder Bobbycars im Raum unterwegs. Auf dem Boden werden viele Wäscheklammern verteilt. Das sind die „Fische". Die Kinder spielen „Angler" sammeln ihre „Fische", indem sie jeweils eine Wäscheklammer aufheben und sich die Klammer an die Kleidung heften.

Hinweis: Beobachten Sie die keinen beim Spiel mit den Klammern und achten Sie darauf, dass sie sich die Klammern nicht an die Hände oder im Gesicht befestigen.

Sandballons

Material: Luftballon, Spielsand

Füllen Sie in einen Ballon Sand (bitte nicht aufpusten) und verknoten Sie ihn dann. Der Ballon lässt sich jetzt platt klopfen, in die Länge ziehen, zu lustigen Figuren formen und fördert auf diese Weise die Feinmotorik.

Kochlöffel-Spaß

Material: 1–3 Kochlöffel, dazu Dinge zum Aufstecken, wie z. B. Papprollen (von Haushalts- oder Toilettenpapier oder von Klebeband), Gummi- und Greifringe, Gardinenringe, durchbohrte Holzkugeln oder Bierdeckel
Für die Variation: niedriger Pappkarton, Schere, langer Stock bzw. Rundholz

Geben Sie den Kindern die Kochlöffel zum Spielen. Was kann man alles damit tun? Reichen Sie nach der Experimentierphase Papprollen oder andere Materialien zum Aufstecken. Vielleicht entdecken die Kinder von sich aus Kombinationsmöglichkeiten, indem sie z. B. versuchen, Papprollen, Holzkugeln und Gardinenringe auf den Stil des Kochlöffels zu stecken.
Variation: Bohren Sie mit der Schere eine Öffnung in einen flachen Pappkarton. Schieben Sie von unten einen Kochlöffelstil oder einen Stock so durch die Öffnung, dass er oben aus dem Karton herausragt und im Karton fixiert ist. Bieten Sie in einer gesonderten Kiste Materialien an, die man auf den Stock aufstecken kann.

Motorikschleifen selbst gemacht

Material: Pfeifenputzerdraht, zum Auffädeln dicke Perlen, Ringe, Garnrollen
Für die Variation: Schuhkarton, Klebeband

Schneiden Sie Pfeifenputzerdraht in mehrere gleich lange Stücke (ca. ½ m).
Die Kinder versuchen, Perlen, Ringe und andere Materialien aufzufädeln. Sie können den Draht auch doppelt nehmen, wenn die Öffnungen in den Perlen groß genug sind.
Variation: Einige Perlen und andere Materialien auf einen langen Draht (ca. 1 m) fädeln und den Draht zu einem Bogen oder mehreren Schleifen zurechtbiegen. Die Enden rechts und links in einen Schuhkarton stecken (vorher Löcher einbohren) und mit Klebeband stabil fixieren. Nun können die Kinder die aufgesteckten Perlen auf dem Draht hin und her bewegen.

Gegenstände ineinander stellen

Material: hohle Gegenstände, z. B. Schüsseln unterschiedlicher Größe, Schachteln, Dosen, Becher

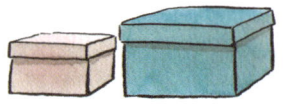

Stellen Sie den Kindern einen Satz unterschiedlich großer Schüsseln zur freien Verfügung. Viele Kinder werden versuchen, eine kleinere Schüssel in eine größere zu stellen. Exaktes Sortieren von klein bis groß erfordert schon viel Übung und eine differenzierte Wahrnehmung der unterschiedlichen Dimensionen.

> **Mal rechts, mal links**
> Geben Sie den Kindern Gegenstände abwechselnd mal in die rechte und mal in die linke Hand. So ist das Kind nicht nur auf eine Körperseite fixiert. Den meisten Eltern und Erziehern ist heute bekannt, dass man niemals versuchen sollte, ein Kind, das vorzugsweise mit der linken Hand agiert, zum „Rechtshänder" umzuerziehen.

Sortierboxen

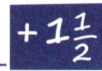

Material: 1–4 Kaffeedosen mit Deckel, bzw. 1 Schuhkarton, scharfes Messer oder Schere, runde, quadratische, rechteckige und dreieckige Bausteine
Für die Variation: Schuhkarton

Schneiden Sie in den Deckel einer Kaffeedose ein kreisrundes Loch und in weitere Dosen jeweils ein quadratisches, rechteckiges und dreieckiges Loch. Die Größe der Öffnungen richtet sich nach den Gegenständen (z. B. Bausteine), die in die Dosen eingeworfen werden sollen. Die Kinder versuchen nun, die Bausteine in die jeweils passenden Öffnungen zu stecken.
Variation: Nehmen Sie statt der Dosen einen Schuhkarton und schneiden Sie drei verschiedene Formen nebeneinander in den geschlossenen Deckel.

Pappröhren-Bahn

Material: viele Papprollen (von Toilettenpapier oder Haushaltsrollen), Bälle oder Kugeln, Klebeband
Für die Variation: Pappkarton, Schüssel oder Glockenspiel

Kleben Sie die vielen Papprollen mit Klebeband zu einem langen Schlauch zusammen. Halten Sie den Schlauch so schräg, dass ein Kind eine Kugel oder einen kleinen Ball einwerfen kann.
Variation: Schneiden Sie oben und seitlich je eine kreisrunde Öffnung in einen Karton. Führen Sie den Pappröhrenschlauch so ein, dass er schräg in dem Karton steckt. Jetzt haben Sie eine stabile, dauerhafte Kugelbahn. Stellen Sie an das Ende der Röhre eine Blechschüssel oder ein Glockenspiel. So können die herabfallenden Kugeln Klänge erzeugen.

Steckbretter

Material: Gips und Wasser (alternativ: Kleister-Sand-Gemisch), Deckel eines Schuhkartons, Steckformen wie z. B. ca. 10 Korken, Drehverschlüsse, Bausteine

Fertigen Sie eine Platte (z. B. aus Gips, Salzteig o. Ä.), indem Sie das Grundmaterial in den Deckel eines Schuhkartons drücken (Dicke: 2–3 cm). Stecken Sie nun mit den Kindern in gleichmäßigen Abständen „Stecker" (z. B. Korken) in die noch weiche Platte. Nehmen Sie die „Stecker" wieder heraus, und lassen Sie die Platte trocknen. Ist sie ganz fest geworden, so können die Kinder versuchen, die „Stecker" wieder an den richtigen Platz zurückzustecken.

> **Achtung!!**
> Gipsreste nie in den Abfluss oder in die Toilette schütten, da sich der Gips dort verfestigen und zu einer Verstopfung führen könnte.

Kugelbahn-Kletterturm

Material: Papprollen (von Toilettenpapier oder Haushaltsrollen), Klebeband, Bälle oder Kugeln, großer Tisch, 2 Stühle, 2 Kisten
Für die Variation: unterschiedliche Farben

Kleben Sie Papprollen mit Klebeband zu einer Röhre zusammen. Lehnen Sie die Röhre schräg an einen Tisch und kleben Sie oben an der Tischplatte mit Klebeband fest. Stellen Sie auf die andere Seite des Tisches Stühle und Kisten hin. Jetzt kann je ein Kind über die Kisten und Stühle auf den Tisch klettern und von oben Bälle in die Röhre einwerfen.

Variation: Sie können auch mehrere Röhren an einer Tischplatte befestigen und diese in unterschiedlichen Farben anmalen, sodass sich die Kinder bei jedem Kletterzug für eine neue Röhre entscheiden können.

Hinweis: So verbinden Sie Kletter-Spaß mit Ball-Vergnügen. Grob- und Feinmotorik werden gleichermaßen angesprochen.

> **Die knifflige Kugelbahn**
> Alles, was rollt und kullert, interessiert Kinder von Anfang an. Durch ständige Übung lernt das Kind das Zusammenspiel von optischer Wahrnehmung und motorischer Steuerung (Auge-Hand-Koordination). Kugelbahnen erzielen nicht nur lustige Effekte, sondern sind auch eine gute Übung für die Feinmotorik.

Die Kullerkiste

Material: große Spielzeugkiste mit Alltagssachen, die kullern und rollen, z.B.: Nähgarnrollen, Papprollen, Plastikflaschen, Wattekugeln, Walnüsse, hölzerne Gardinenringe, Tennisringe, leere Joghurtbecher, Teigrolle für Kuchen usw., dazu 1 langes Holzbrett, 1 Kiste

Suchen Sie zunächst ein bis zwei Materialien aus und geben Sie diese Materialien den Kindern zum freien Spiel. Dann legen Sie ein langes Holzbrett auf eine Kiste und lassen verschiedene Gegenstände die Schräge hinabrollen. Kleine Kinder krabbeln gern hinter den Gegenständen her, sammeln sie auf bzw. lassen selbst Gegenstände hinabrollen.

Fische fangen

Material: handlicher Ball
Für die Variation: Bettlaken

Alle Kinder sitzen mit der Erzieherin auf der Erde im Kreis. Der Ball wird reihum von Kind zu Kind zugerollt. Bei älteren Kindern verbinden Sie das Ballrollen mit einem Sprachspiel, z.B. kann das Kind, das den Ball angenommen hat, seinen Namen sagen oder sein Lieblingstier oder -spielzeug benennen.

Text: überliefert

Ich hab gefischt,	*Das Kind rollt den Ball*
ich hab gefischt,	*zwischen den Händen hin und her.*
ich hab die ganze Nacht gefischt	*Das Kind spielt den Ball*
und habe keinen Fisch erwischt.	*zum nächsten Kind.*

Variation: Die Gruppe sitzt im Kreis und hält gemeinsam das Laken fest, auf dem in der Mitte der Ball liegt. Die Gruppe bewegt das Tuch hin und her, auf und ab und spricht gemeinsam den Spruch vom „Fische fangen". Bei dem Wort *erwischt* heben alle das Tuch in die Höhe, sodass der Ball wegfliegt und auf der Erde landet. Wer bringt ihn zurück?

Buntes Bällebad

aufblasbares kleines Kinder-Planschbecken oder großer Karton, unterschiedliche Bälle (z. B. Tennisbälle, Schaumstoffbälle, große und kleine Gummibälle, Softbälle, Noppenbälle, Glöckchenbälle usw.)
Für die Variation: Drainagerohr (scharfe Schnittstellen mit Klebeband umkleben)

 Pumpen Sie das Planschbecken prall auf und füllen Sie anschließend die verschiedenen Bälle hinein. Die Kinder krabbeln über den Rand und steigen ins bunte Ball-Vergnügen hinein. Hier können sie nach Herzenslust „wühlen". Bälle, die über den Beckenrand rollen, werden wieder hineingelegt.

Variation 1: Durch das Drainagerohr lassen die Kinder Bälle in das Becken rollen.
Variation 2: Bauen Sie das Bällebad auf einer dicken Weichbodenmatte oder auf mehreren Turnmatten auf, sodass die Kinder hinaufsteigen müssen.

Hinweis: Statt der Bälle können auch größere Kastanien, Korken oder Papier verwendet werden.

Schneegestöber

Malerfolie, kleine Wattekugeln, weiße Luftballons, hauchdünne Plastiktüten (durch die Luft bewegen, bis sie sich aufblähen, und zuknoten)

Breiten Sie in der Mitte des Raumes Malerfolie aus. Die Kinder legen die Materialien auf die Folie. Dann setzen sich alle rundherum, greifen mit den Händen jeweils einen Zipfel der Folie und bewegen sie auf und ab, sodass die Materialien wie Schneeflocken fliegen.
Wenn sie neben der Folie landen, so sammeln die Kinder mit geschickten Händen alles wieder ein.

Hinweis: Singen Sie ein Winterlied oder sprechen Sie einen passenden Vers dazu.

Ab ins Ziel

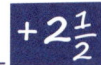

Material: Gymnastikreifen, große und kleinere Bälle
Für die Variation: Pappkartons, Hüte, Regenschirm

Halten Sie einen Gymnastikreifen vertikal in Arm- bzw. Kopfhöhe des Kindes. Das Kind kann nun versuchen, einen Ball in den Reifen hineinzuwerfen, sodass er dahinter zu Boden fällt.
Variation 1: Stellen Sie einen Pappkarton auf einen Tisch oder Schrank. Die Kinder werfen einen Ball entweder gegen die Rückseite oder in das Innere des Kartons.
Variation 2: Verteilen Sie Hüte aus der Verkleidungskiste auf dem Fußboden. Wer trifft mit einem Ball einen Hut?
Variation 3: Spannen Sie einen Regenschirm auf, stellen Sie ihn umgedreht auf den Boden und lassen Sie die Kinder Bälle hineinwerfen.

Hinweis: Sie können statt der Bälle auch Kastanien, Walnüsse oder Tannenzapfen in Körbe oder Schüsseln werfen lassen.

Seifenblasen patschen

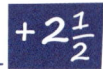

Material: 2–4 Röhrchen Seifenblasenmischung, dazu nach Wahl z. B. Pappteller, Luftballons, Fliegenklatschen, kleine Kunststoff-Tennisschläger für Kinder

Die Erzieherin oder eine älteres Kind steigt auf einen Stuhl oder einen Kasten und pustet Seifenblasen, sodass die Blasen durch den Raum fliegen. Es können auch mehrere Mitspieler hochklettern, wodurch im gesamten Raum Seifenblasen fliegen.
Die Blasen werden von den übrigen Kindern mit den Händen gefangen oder sie werden mit Hilfe von Papptellern, Fliegenklatschen o. Ä. gepatscht. Die Kinder können die Seifenblasen auch mit Luftballons abwerfen.

Wasser im Ballon

Material: 2 Luftballons (nicht aufpusten), Wasser

Stecken Sie zwei Luftballons mit Geschick ineinander. Nun füllen Sie den inneren Ballon mit etwas Wasser und verknoten ihn fest. Blasen Sie den äußeren Ballon auf und verknoten Sie diesen ebenfalls. Diese gefüllten Ballons machen ganz unvorhersehbare Flugbewegungen.

Ballons im Tuch

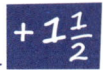

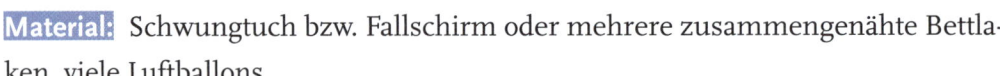

Material: Schwungtuch bzw. Fallschirm oder mehrere zusammengenähte Bettlaken, viele Luftballons
Für die Variation: Reis oder Glöckchen

Jüngere Kinder experimentieren zunächst mit den Ballons (z. B. umhertragen, fallen lassen, anstoßen, mit Spielpartnern tauschen).
Ältere Kinder finden Gefallen daran, die Ballons mitten auf ein Schwungtuch zu legen und es auf und ab zu bewegen. Die Ballons, die „entwischen", werden wieder eingesammelt.
Variation 1: Zwei bis drei Kinder legen sich zu den Ballons auf das Tuch am Boden, während die übrigen Mitspieler das Tuch hin und her bewegen.
Variation 2: Die Ballons werden auf dem Boden verteilt. Darüber wedeln alle gemeinsam mit dem Tuch, bis die Ballons fliegen.
Variation 3: Ältere Kinder steigen auf Stühle und halten das Tuch mit den Ballons über den Köpfen der anderen. Diese wiederum springen hoch und versuchen, mit den Händen von unten das Tuch zu berühren.
Variation 4: Klingende Ballons entstehen, wenn Sie mit Materialien (z. B. etwas Reis) gefüllt oder wenn Glöckchen mit Band angeknotet werden.

Hinweis: Kinder im Umgang mit Ballons aufmerksam beobachten. Geplatzte Ballons und deren Inhalt gleich entfernen.